DE UM PONTO DE VISTA LÓGICO

FUNDAÇÃO EDITORA DA UNESP

Presidente do Conselho Curador
Herman Jacobus Cornelis Voorwald

Diretor-Presidente
José Castilho Marques Neto

Editor-Executivo
Jézio Hernani Bomfim Gutierre

Conselho Editorial Acadêmico
Alberto Tsuyoshi Ikeda
Célia Aparecida Ferreira Tolentino
Eda Maria Góes
Elisabeth Criscuolo Urbinati
Ildeberto Muniz de Almeida
Luiz Gonzaga Marchezan
Nilson Ghirardello
Paulo César Corrêa Borges
Sérgio Vicente Motta
Vicente Pleitez

Editores-Assistentes
Anderson Nobara
Henrique Zanardi
Jorge Pereira Filho

WILLARD VAN ORMAN QUINE

DE UM PONTO DE VISTA LÓGICO:
NOVE ENSAIOS LÓGICO-FILOSÓFICOS

Tradução
Antonio Ianni Segatto

© 1953, 1961, 1980 by Harvard University Press

© 2010 da tradução brasileira

Título original: *From a logical point of view: 9 logico-philosophical essays*

Publicado através de acordo com a Harvard University Press
Published by arrangement with Harvard University Press
Fundação Editora da UNESP (FEU)
Praça da Sé, 108
01001-900 – São Paulo – SP
Tel.: (0xx11) 3242-7171
Fax: (0xx11) 3242-7172
www.editoraunesp.com.br
www.livrariaunesp.com.br
feu@editora.unesp.br

CIP – Brasil. Catalogação na fonte
Sindicato Nacional dos Editores de Livros, RJ

Quine, W. V. (Willard Van Orman), 1908-2000
De um ponto de vista lógico : nove ensaios lógico-filosóficos / Willard Van Orman Quine ; tradução Antonio Ianni Segatto. – São Paulo : Editora Unesp, 2011.
272p.

Tradução de: From a logical point of view; 9 logico-philosophical essays
Inclui bibliografia e índice
ISBN 978-85-393-0086-0

1. Análise (Filosofia). II. Lógica. I. Título.

11-0566.   CDD: 146.4
                                                            CDU: 16

Editoras afiliadas

Asociación de Editoriales Universitarias
de América Latina y el Caribe

Associação Brasileira de
Editoras Universitárias

Para minha mãe e meu pai
H. V. Q. – C. R. Q.

SUMÁRIO

Nota do tradutor IX
Apresentação à 2ª edição inglesa revista 1
Apresentação à 2ª edição inglesa 5
Apresentação à 1ª edição inglesa 7
    I Sobre o que há 11
   II Dois dogmas do empirismo 37
  III O problema do significado na Linguística 73
  IV Identidade, ostensão e hipóstase 97
   V Novos fundamentos para a Lógica Matemática 117
  VI A lógica e a reificação dos universais 145
 VII Notas sobre a teoria da referência 183
VIII Referência e modalidade 195
  IX Significado e inferência existencial 223
Origem dos ensaios 235
Referências 239
Índice remissivo 247
Índice onomástico 259

NOTA DO TRADUTOR

A fim de manter a uniformidade do vocabulário, todas as ocorrências de *"meaning"* foram traduzidas por "significado". Essa opção, embora fiel à opção terminológica do próprio autor, pode, por isso mesmo, ocasionar um mal-entendido no que diz respeito à compreensão de uma oposição fundamental para as teses defendidas no presente livro. Normalmente, os termos alemães *"Sinn"* e *"Bedeutung"*, que compõem a conhecida distinção estabelecida por Frege, são traduzidos em inglês por *"sense"* e *"reference"*. Analogamente, eles são comumente traduzidos em português por "sentido" e "referência" (e, em alguns casos, por "sentido" e "significado"). Quine não segue o receituário e traduz aqueles termos respectivamente por *"meaning"* e *"reference"*. Para não destoar de nosso autor, traduziu-se sempre *"meaning"* por "significado" e *"reference"* por "referência". Esse desvio regular na tradução dos termos por Quine foi, portanto, seguido à risca na presente tradução.

APRESENTAÇÃO À 2ª EDIÇÃO INGLESA REVISTA

Em 1950, tendo em mãos os *Methods of Logic* [*Métodos da lógica*] e uma revisão de *Mathematical Logic* [*Lógica matemática*], concentrei-me na elaboração de um livro com um caráter filosófico mais amplo. Ele resultou, transcorrido um período de nove anos, em *Word and Object* [*Palavra e objeto*]. Em 1952, previ que esse seria um trabalho longo e fiquei impaciente para, nesse meio-tempo, tornar algumas de minhas concepções filosóficas convenientemente acessíveis. Henry Aiken e eu estávamos com nossas esposas em um bar noturno no bairro de Greenwich Village quando lhe contei meu plano, logo depois de Harry Belafonte ter cantado o calipso *De um ponto de vista lógico*. Henry notou que este seria um bom título para o volume, e deu certo.

O livro também deu certo. Ao longo de suas duas edições e muitas reimpressões, foram vendidos quase quarenta mil exemplares em inglês e eu não tenho nem ideia de quantos mais foram vendidos em espanhol, italiano, polonês, alemão e japonês. Oito dos nove ensaios também reapareceram de maneira independente em uma ou mais antologias, e cada um deles em uma ou mais traduções. Os dois primeiros, na verdade, foram incluídos em antologias até se esgotarem: 24 e 25 vezes, respectivamente, e em sete e seis línguas. Eu me sinto grato e lisonjeado por tudo isso, assim como pela prontidão de meus amigos da Harvard University Press para assumir os direitos da edição em livro de bolso e manter o fluxo.

O tempo para revisar o livro passou. Ele é datado, e suas datas são 1953 e 1961. Na presente edição, revisei apenas uma única página, a que continha uma crítica equivocada de Church e Smullyan. Trata-se das páginas 214-5, que estão entre as páginas tumultuadas em que aconteceu a maior parte da revisão de 1961.

Mas devo aproveitar a ocasião desta apresentação para fazer algumas advertências. A primeira é que "Sobre o que há" não é nominalista nem na doutrina nem na motivação. Eu estava mais preocupado com a atribuição de ontologias que com sua avaliação. Além disso, comparando os entes postulados pelos físicos aos deuses de Homero, nesse ensaio e em "Dois dogmas", eu estava falando a linguagem da epistemologia e não a da metafísica. Objetos postulados podem ser reais. Como escrevi em outro lugar, chamar algo postulado de postulado não é endossá-lo.[1]

O holismo de "Dois dogmas" afastou muitos leitores, mas acho que seu problema está na ênfase. Tudo de que realmente precisamos no caminho do holismo, conforme os propósitos com que ele é proposto nesse ensaio, é perceber que o conteúdo empírico é compartilhado pelos enunciados da ciência em aglomerados e que não pode ser distribuído entre eles. Na prática, o aglomerado em questão não é nunca o todo da ciência; há uma gradação e eu reconheci isso mencionando o exemplo das casas de pau a pique na Avenida Paulista.[2]

Tanto esse ensaio como o seguinte, "O problema do significado na linguística", refletiam uma visão sombria da

---

[1] A frase aparece em *Word and Object* (Cambridge, Mass.: The MIT Press, 1960, p.22). (N. T.)

[2] Optou-se, quando possível, por traduzir os exemplos do autor e indicar em nota o exemplo original. Neste caso, o exemplo que Quine propõe é o de casas de tijolo em Elm Street. (N. T.)

noção de significado. Uma resposta desencorajadora, vinda de algum lugar nas margens da Filosofia, foi que meu problema decorria do fato de tomar as palavras como meras cadeias de fonemas em vez de ver que elas são cadeias com significado. Naturalmente, diziam eles, se insisto em cadeias sem significado, não encontrarei significados. Eles não viam, porém, que uma cadeia de fonemas simples e idêntica pode *ter* um significado ou vários em uma ou várias línguas, no uso por várias pessoas ou povos, assim como posso ter contas em vários bancos e parentes em vários países sem, de alguma forma, contê-los ou ser várias pessoas. É normalmente útil, em outro ramo da linguística, distinguir homônimos em função do significado ou da história – *som* (*sonus*) e *são* (*sanus*),[3] por exemplo –, mas, se nossa preocupação sobre o significado é filosófica, o melhor é não esquecer isso. Espero que este parágrafo seja supérfluo para a maioria dos leitores.

Finalmente, algumas considerações técnicas sobre "Novos fundamentos". Vemos, nas páginas 140-2, a superioridade de *LM* em relação a *NF* no que diz respeito à indução matemática e à existência da classe dos números naturais. Resta, porém, uma fragilidade correlata em *LM*: Rosser mostrou que não se pode provar, se *LM* for consistente, que a classe dos números naturais em *LM* é um conjunto.[4] Ainda podemos acrescentar um axioma com essa finalidade e, na verdade, precisamos dele para a teoria dos números reais. Mas perdemos a elegância tendo de acrescentá-lo.

NF e *LM* ainda podem ser criticadas por permitir autopertencimento, o que obscurece a individuação. A vantagem das classes em relação às propriedades é sua nítida individuação:

---

[3] Aqui, o exemplo é o seguinte: *sound* (*sonus*) e *sound* (*sanus*). (N. T.)
[4] ROSSER, J. B.. The axiom of infinity in Quine's New Foundations. *Journal of Symbolic Logic*, v.17, p.238-42, 1952.

elas são idênticas se, e somente se, têm os mesmos membros. Isso, no entanto, é individuação relativa; as classes são individuadas com a mesma clareza que seus membros o são. Com o autopertencimento, cessa a individuação.

A teoria dos tipos de Russell tem uma vantagem epistemológica sobre *NF* e *LM*: ela se presta a uma reconstrução mais plausível da gênese de conceitos de classe de nível superior.[5] Da teoria dos tipos à teoria dos conjuntos de Zermelo e von Neumann, pode-se fazer, então, uma transição natural.[6] *NF* deve ser considerada uma alternativa artificial inventada posteriormente para sua própria comodidade e elegância, e *LM* é outra opção. As vantagens são efetivas, apesar das reservas citadas.

Durante os quarenta e tantos anos desde que *NF* foi publicado pela primeira vez, muitos trabalhos engenhosos foram feitos por Rosser, Beneš, Specker, Orey, Henson, Jensen, Boffa, Grishin e outros, com a esperança ou de chegar a uma contradição ou provar que o sistema é consistente se uma teoria dos conjuntos mais clássica for consistente. O problema permanece em aberto, mas um número de relações curiosas e surpreendentes foi descoberto no curso da investigação.[7]

Cambridge, Massachusetts
W. V. Q.

---

[5] Ver *The Roots of Reference* (La Salle, Ill.: Open Court, 1973, p.120s).
[6] Ver *Set Theory and its Logic* (Cambridge: Harvard, 1963,1969, §§38, 43).
[7] Ver BOFFA M. On the axiomatization of NF. *Colloques Internationaux du C.N.R.S.*, n.249, p.157-9, 1975, e The consistency problem for NF. *Journal of Symbolic Logic*, v.42, p.215-20, 1977, e referências adicionais em ambos os textos. Ver também JENSEN, R. B. On the consistency of a slight modification of Quine's *New Foundations*. In: DAVIDSON, D.; HINTIKKA, J. (Eds.). *Words and Objections*. Dordrecht: Reidel, 1969. p.278-91.

APRESENTAÇÃO À 2ª EDIÇÃO INGLESA

A principal revisão afeta as páginas 211-22 sobre o tema controverso da lógica modal. Um argumento desenvolvido nessas páginas sofreu uma extensão radical na página 198 de meu *Word and Object* [*Palavra e objeto*] (Nova York, 1960); e, nos últimos tempos, a situação foi clarificada graças, em parte, à dissertação de doutorado ainda em elaboração de meu aluno Dagfinn Føllesdal. Essas páginas revistas incorporam a avaliação resultante dessa situação.

Independentemente dessa questão, fiz correções substantivas também nas páginas 146, 166, 175, 207 e 209-10.

Boston, Mass., abril de 1961
W. V. Q.

APRESENTAÇÃO À 1ª EDIÇÃO INGLESA

Vários destes ensaios foram impressos integralmente em revistas; outros são, em maior ou menor grau, novos. Dois temas principais atravessam todos. Um deles é o problema do significado, especificamente como aparece na noção de enunciado analítico. O outro é a noção de compromisso ontológico, especificamente como aparece no problema dos universais.

Vários artigos já publicados, que pareciam dever ser incluídos, apresentaram dois problemas. De um lado, eles se repetiam, como acontece com os artigos escritos para poupar os leitores do uso excessivo de bibliotecas. De outro, continham partes que passei a considerar mal formuladas ou algo pior. O resultado é que vários ensaios pareciam justificar a reprodução integral com seus títulos originais, enquanto outros deveriam ser recortados, separados, misturados, adicionados a material novo e divididos segundo novos princípios de unificação e individuação, o que acarretaria novos títulos. Sobre a procedência do que não é novo, ver as últimas páginas de "Origens dos ensaios".

Os dois temas citados anteriormente nesta apresentação são abordados ao longo do livro, com a ajuda cada vez maior dos dispositivos técnicos da lógica. Assim, chega um momento, no meio do caminho, em que o tratamento desses temas deve ser interrompido para fazer certa preparação técnica em Lógica. "Novos fundamentos" foi reimpresso tanto com esse propósito quanto por sua própria finalidade, já que figura na literatura que veio depois dele, e separatas continuam a ser pedidas. Sua reprodução aqui também é a oportunidade para fazer observações suplementares sobre as descobertas posteriores que relacionam o sistema de "Novos fundamentos" a outras teorias dos conjuntos. No entanto, essa intromissão de Lógica pura foi resolutamente mantida dentro de certos limites.

Como foi registrado nas últimas páginas deste volume, seu conteúdo é em grande parte reimpresso e adaptado de material publicado em *Review of Metaphysics, Philosophical Review, Journal of Philosophy, American Mathematical Monthly, Journal of Symbolic Logic, Proceedings of the American Academy of Arts and Sciences, Philosophical Studies*. Sou grato aos editores desses sete periódicos e à University of Minnesota Press por sua gentil permissão para fazer uso do material.

Agradeço aos professores Rudolf Carnap e Donald Davidson, por suas críticas instrutivas aos primeiros esboços de "Novos fundamentos" e "Dois dogmas", respectivamente, e ao professor Paul Bernays, por notar um erro na primeira impressão de "Novos fundamentos". A crítica da analiticidade, à qual "Dois dogmas" é em grande parte dedicado, é o resultado de discussões informais, orais e escritas em que me envolvi a partir de 1939 com os professores Carnap, Alonzo Church, Nelson Goodman, Alfred Tarski e Morton White; devo-lhes o estímulo do ensaio e provavelmente o conteúdo. Também devo a Goodman as críticas aos dois artigos com base nos quais "A lógica e a reificação dos universais" foi em parte elaborado; e a White devo a discussão que influenciou a atual forma do ensaio.

Agradeço ao sr. Martin Juhn por sua digitação e aos administradores da Harvard Foundation pelo auxílio financeiro. Sou grato aos srs. Donald P. Quimby e S. Marshall Cohen pela ajuda competente com o índice remissivo e onomástico e as provas.

Cambridge, Massachusetts
W. V. Quine

I

SOBRE O QUE HÁ

Algo curioso sobre o problema ontológico é sua simplicidade. Ele pode ser formulado com três monossílabos do português: "O que há?". Ele pode ser resolvido, além disso, com uma palavra – "Tudo" –, e todos aceitarão essa resposta como verdadeira. No entanto, isso é simplesmente dizer que há o que há. Ainda há espaço para desacordo em cada caso; e, desse modo, a questão permaneceu viva ao longo dos séculos.

Suponhamos que dois filósofos, McX e eu, discordemos a respeito da ontologia. Suponhamos agora que McX sustente haver algo que eu sustente não haver. McX pode, de maneira completamente coerente com seu ponto de vista, caracterizar nossa divergência de opinião dizendo que me recuso a reconhecer certas entidades. Obviamente, eu deveria objetar dizendo que ele está errado na maneira como formula nosso desacordo, pois eu sustento não haver nenhuma entidade do tipo que ele alega para que eu a reconheça; mas considerar que ele está errado na maneira como formula nosso desacordo é irrelevante, pois sou obrigado, de qualquer forma, a considerar sua ontologia incorreta.

Quando *eu*, por outro lado, tento formular nossa divergência de opinião, parece que me coloco em um apuro. Não posso admitir haver coisas que McX sustenta e eu não, pois, ao admitir haver tais coisas, eu estaria contradizendo minha própria rejeição a elas.

Se esse raciocínio fosse correto, seguir-se-ia que em qualquer disputa ontológica o defensor do lado negativo padece da desvantagem de não poder admitir que seu oponente discorda dele.

Esse é o velho enigma platônico do não ser. O não ser deve, em certo sentido, ser, caso contrário, o que é aquilo que não há? Essa doutrina emaranhada pode ser apelidada de *a barba de Platão;* historicamente, ela se mostrou resistente, fazendo frequentemente a navalha de Ockham[1] perder o corte.

É uma tal linha de pensamento que conduz filósofos como McX a atribuir ser, ali onde, em vez disso, eles deveriam se contentar em reconhecer que não há nada. Considere-se, pois, Pégaso. Se não *houvesse* Pégaso, argumenta McX, não estaríamos falando de nada quando usamos essa palavra; portanto, seria um contrassenso até mesmo dizer que não há Pégaso. Acreditando ter mostrado, com isso, que a negação de Pégaso não pode coerentemente ser mantida, ele conclui que Pégaso é.

McX não pode, na verdade, persuadir-se completamente de que alguma região do espaço-tempo, próxima ou distante, contém um cavalo alado de carne e osso. Pressionado a dar mais detalhes sobre Pégaso, ele diz, então, que Pégaso é uma ideia nas mentes dos homens. Aqui, no entanto, uma confusão começa a ficar evidente. Podemos, para manter o

---

[1] A Navalha de Occam, ou Navalha de Ockham, é um princípio lógico atribuído ao lógico e frade franciscano inglês William de Ockham (século XIV). O princípio afirma que a explicação para qualquer fenômeno deve assumir apenas as premissas estritamente necessárias à explicação deste e eliminar todas as que não causariam nenhuma diferença aparente nas predições da hipótese ou teoria.

argumento, conceder que há uma entidade, e inclusive que há uma única entidade (embora isso seja bem pouco plausível), que seria a ideia-Pégaso mental; mas não é dessa entidade mental que se está falando quando se nega Pégaso.

McX nunca confunde o Partenon com a ideia-Partenon. O Partenon é físico; a ideia-Partenon é mental (ao menos segundo a versão de McX acerca das ideias, e não tenho nenhuma melhor para oferecer). O Partenon é visível; a ideia-Partenon é invisível. Seria difícil imaginar duas coisas mais diferentes e menos propensas à confusão do que o Partenon e a ideia-Partenon. Mas, quando passamos do Partenon para Pégaso, a confusão se instala – pela simples razão de que McX seria iludido pela falsificação mais grosseira e mais evidente antes de admitir o não ser de Pégaso.

A ideia de que Pégaso deve ser, porque do contrário seria até mesmo um contrassenso dizer que Pégaso não é, levou McX, como vimos, a uma confusão elementar. Mentes mais perspicazes, partindo do mesmo ponto, apresentam teorias sobre Pégaso cujos defeitos são menos patentes que os de McX e que são, proporcionalmente, mais difíceis de erradicar. Uma dessas mentes mais perspicazes chama-se, digamos, sr. Y.[2] Pégaso, afirma o sr. Y, tem ser enquanto possível não realizado. Quando dizemos que não há algo que seja Pégaso, estamos dizendo, mais precisamente, que Pégaso não possui o atributo específico da atualidade. Dizer que Pégaso não é atual equivale logicamente a dizer que o Partenon não é

---

[2] O nome que Quine dá a essa "mente mais perspicaz" é "Wyman", formado pela junção de "Wy", cuja pronúncia é idêntica à pronúncia da letra "y" em inglês, e "*man*", que, sabe-se, significa homem. Por essa razão e a fim de manter o paralelismo com o nome da outra personagem, McX, optou-se por "sr. Y" para traduzir "Wyman". (N. T.)

vermelho; em ambos os casos, estamos dizendo algo sobre uma entidade cujo ser não se questiona.

O sr. Y, aliás, é um desses filósofos que se uniram para destruir a boa e velha palavra "existir". Apesar de sua adesão a possíveis não realizados, ele limita a palavra "existência" à realidade, preservando, assim, uma aparência de acordo ontológico entre ele e nós, que repudiamos o resto de seu universo hipertrofiado. Todos nós sempre tendemos a dizer, em nosso uso de "existir" conforme o senso comum, que Pégaso não existe, querendo dizer que não há, de forma alguma, essa entidade. Se Pégaso existisse, estaria, de fato, no espaço e no tempo, mas apenas porque a palavra "Pégaso" tem conotações espaço-temporais, e não porque "existe" tem conotações espaço-temporais. Se, quando afirmamos a existência da raiz cúbica de 27, falta a referência espaço-temporal, isso se deve simplesmente ao fato de que a raiz cúbica não é um tipo de coisa espaço-temporal, e não porque nosso uso de "existir" seja ambíguo.[3] No entanto, o sr. Y, em um esforço mal-intencionado para parecer agradável, concede-nos cordialmente a não existência de Pégaso e, então, contrariamente ao que *nós* queríamos dizer por não existência de Pégaso, insiste que Pégaso *é*. Existência é uma coisa, diz ele, e subsistência é outra. A única maneira de lidar com esse emaranhado de

---

[3] A tendência a distinguir terminologicamente entre existência como algo aplicado a objetos atualizados em algum ponto do espaço-tempo e existência (ou subsistência ou ser) como algo aplicado a outras entidades surge em parte, talvez, da ideia de que a observação da natureza seja relevante apenas para questões de existência do primeiro tipo. Mas essa ideia é prontamente refutada por contraexemplos como "a razão entre o número de centauros e o número de unicórnios". Se houvesse tal razão, ela seria uma entidade abstrata, a saber, um número. Entretanto, é apenas investigando a natureza que concluímos que o número de centauros e o número de unicórnios é 0 e que, portanto, não há tal razão.

problemas é *entregar* a palavra "existir" ao sr. Y. Tentarei não usá-la novamente; ainda tenho "há" e "é". Basta de lexicografia; voltemos à ontologia do sr. Y.

O universo superpopuloso do sr. Y é, em muitos sentidos, desagradável. Ele ofende o senso estético dos que, como nós, apreciam paisagens desertas; mas isso não é o pior. O cortiço de possíveis do sr. Y é um local fértil para elementos que causam desordem. Considere, por exemplo, o homem gordo possível diante daquela porta; e agora o homem calvo possível diante daquela porta. São eles o mesmo homem possível ou dois homens possíveis? Como decidimos? Quantos homens possíveis há diante daquela porta? Há mais magros possíveis do que gordos possíveis? Quantos deles são semelhantes? Ou sua semelhança os torna um único? Não há *duas* coisas possíveis semelhantes? Isso é o mesmo que dizer que é impossível que duas coisas sejam semelhantes? Ou, finalmente, o conceito de identidade é simplesmente inaplicável a possíveis não realizados? Mas que sentido pode haver em falar de entidades que não podem significativamente ser ditas idênticas a si mesmas e distintas umas das outras? Esses elementos são quase incorrigíveis. Por meio de uma terapia fregiana de conceitos individuais,[4] um esforço de reabilitação poderia ser feito; mas pressinto que o melhor seria limpar o cortiço do sr. Y e deixá-lo.

A possibilidade, ao lado de outras modalidades como a necessidade, a impossibilidade e a contingência, levantam problemas aos quais não quero sugerir que devêssemos dar as costas. Mas podemos ao menos restringir as modalidades a enunciados tomados como um todo. Podemos vincular o advérbio "possivelmente" a um enunciado como um todo,

---

[4] Ver a seguir, p.212.

e também podemos nos preocupar com a análise semântica dessa utilização; mas, ao expandirmos nosso universo a fim de incluir as chamadas *entidades possíveis*, é de se esperar pouco avanço efetivo nessa análise. Suspeito que o principal motivo dessa expansão seja apenas a antiga ideia de que Pégaso, por exemplo, deve ser, pois, do contrário, seria um contrassenso dizer até mesmo que não é.

Ainda mais, todo o luxo exuberante do universo de possíveis do sr. Y parece se reduzir a nada se fizermos uma pequena modificação no exemplo e falarmos não de Pégaso, mas da cúpula redonda quadrada do Berkeley College. Se, a menos que Pégaso fosse, seria um contrassenso dizer que Pégaso não é, então, pelo mesmo motivo, seria um contrassenso dizer que a cúpula redonda quadrada do Berkeley College não é, a menos que ela fosse. Mas, diferentemente de Pégaso, a cúpula redonda quadrada do Berkeley College não pode ser admitida nem mesmo como um *possível* não realizado. Podemos agora levar o sr. Y a admitir também um reino de possíveis não realizados? Se sim, um bom número de questões embaraçosas poderia ser levantado sobre eles. Poderíamos até mesmo esperar que o sr. Y caísse em contradições, levando-o a admitir que algumas dessas entidades são, ao mesmo tempo, redondas e quadradas. Mas o esperto sr. Y escolhe o outro lado do dilema e concede que é um contrassenso dizer que a cúpula redonda quadrada do Berkeley College não é. Ele diz que a expressão "cúpula redonda quadrada" não tem sentido.

O sr. Y não foi o primeiro a adotar essa alternativa. A doutrina da falta de sentido das contradições é antiga. A tradição sobrevive, além disso, em autores que parecem não compartilhar nenhuma das motivações do sr. Y. Ainda assim, imagino se a primeira tentação para adotar tal doutrina não pode ter sido substancialmente a motivação que observamos no sr. Y. Certamente, a doutrina não tem nenhum apelo intrínseco, e levou seus devotos a extremos tão quixotescos quanto o de contestar o método de prova por *reductio ad absurdum* – contestação essa em que pressinto uma *reductio ad absurdum* da própria doutrina.

Além disso, a doutrina da falta de sentido das contradições tem a séria desvantagem metodológica que torna impossível, em princípio, até mesmo determinar um teste efetivo do que é significativo e do que não é. Nunca seria possível para nós determinar formas sistemáticas de decidir se uma cadeia de sinais faz sentido – inclusive para nós individualmente, sem mencionar outras pessoas – ou não. Isso porque decorre de uma descoberta de Church (1936), de que não pode haver um teste de contraditoriedade universalmente aplicável.

Falei depreciativamente da barba de Platão e insinuei que ela é emaranhada. Tratei longamente dos inconvenientes de sustentá-la. É hora de pensar em seguir adiante.

Russell, em sua teoria das chamadas descrições singulares, mostrou claramente como podemos empregar de modo significativo nomes aparentes sem presumir que há entidades supostamente nomeadas. Os nomes aos quais a teoria de Russell diretamente se aplica são nomes descritivos complexos, como "o autor de *Waverley*", "o atual rei da França", "a cúpula redonda quadrada do Berkeley College". Russell analisa sistematicamente essas expressões como fragmentos de sentenças inteiras nas quais eles ocorrem. A sentença "O autor de *Waverley* era poeta", por exemplo, é explicada como um todo que significa "Alguém (ou melhor, algo) escreveu *Waverley* e era um poeta, e nada mais escreveu *Waverley*". (O objetivo dessa oração adicional é afirmar a unicidade que está implícita na palavra "o" em "*o* autor de *Waverley*"). A sentença "A cúpula redonda quadrada do Berkeley College é rosa" é explicada como "Algo é redondo e quadrado e é uma cúpula do Berkeley College e é rosa, e nada mais é redondo e quadrado e é uma cúpula do Berkeley College".[5]

A virtude dessa análise é que o nome aparente, uma expressão descritiva, é parafraseado *no contexto* por aquilo que é chamado de símbolo incompleto. Nenhuma expressão unificada é apresentada como uma análise da expressão descritiva, mas o enunciado como um todo, que era o contexto dessa expressão, ainda mantém sua cota integral de significado, seja ele verdadeiro ou falso.

O enunciado não analisado "O autor de *Waverley* foi um poeta" contém uma parte, "o autor de *Waverley*", que McX e o sr. Y supõem incorretamente requerer referência objetiva para ser significativo. Mas, na tradução de Russell, "Algo escreveu *Waverley* e foi um poeta e nada mais escreveu *Waverley*", o fardo da referência objetiva, que havia sido posto sobre a expressão descritiva, é agora assumido pelas palavras da espécie que os lógicos chamam de variáveis ligadas, variáveis de quantificação, isto é, palavras como "algo", "nada", "tudo". Essas palavras, longe de pretenderem ser nomes especificamente do autor de *Waverley*, não pretendem de maneira alguma ser nomes; elas se referem a entidades em geral, com um tipo de ambiguidade calculada que lhes é peculiar.[6] Essas palavras quantificacionais ou variáveis ligadas são, obviamente, uma parte básica da linguagem, e sua significatividade, ao menos no contexto, não deve ser contestada. Mas sua significatividade de forma alguma pressupõe haver ou o autor de *Waverley*, ou a cúpula redonda quadrada do Berkeley College, ou quaisquer outros objetos predeterminados.

---

[5] Para mais sobre a teoria das descrições, ver adiante, p.123 et seq., 231 et seq.
[6] Para um tratamento explícito das variáveis ligadas, ver adiante, p.119-20, 145 et seq.

No que concerne às descrições, já não há nenhuma dificuldade em afirmar ou negar ser. "O autor de *Waverley* é" é explicado por Russell como significando "Alguém (ou, mais especificamente, algo) escreveu *Waverley* e nada mais escreveu *Waverley*". "O autor de *Waverley* não é" é explicado, de forma correspondente, como a disjunção "Ou cada coisa não escreveu *Waverley* ou duas ou mais coisas escreveram *Waverley*". Essa disjunção é falsa, mas significativa; e não contém nenhuma expressão que pretenda nomear o autor de *Waverley*. O enunciado "A cúpula redonda quadrada do Berkeley College não é" é analisado de modo similar. Desse modo, a antiga ideia de que os enunciados sobre o não ser se autodestroem se esvai. Quando um enunciado sobre o ser ou o não ser é analisado segundo a teoria das descrições de Russell, ele deixa de conter qualquer expressão que pretenda até mesmo nomear a suposta entidade cujo ser está em questão, de modo que já não se pode considerar que a significatividade do enunciado pressuponha haver tal entidade.

E quanto a "Pégaso"? Sendo antes uma palavra do que uma expressão descritiva, o argumento de Russell não se aplica imediatamente a ela. No entanto, pode-se facilmente fazer que se aplique. Temos apenas de reescrever "Pégaso" como uma descrição, de qualquer forma que pareça expor nossa ideia adequadamente; digamos, "o cavalo alado que foi capturado por Belerofonte". Colocando essa expressão no lugar de "Pégaso", podemos, então, fazer uma análise do enunciado "Pégaso é" ou "Pégaso não é" exatamente análoga à análise que Russell faz de "O autor de *Waverley* é" e "O autor de *Waverley* não é".

Para subsumir, portanto, um nome composto de uma só palavra, um suposto nome, como "Pégaso", sob a teoria das descrições de Russell, devemos, obviamente, primeiro ser capazes de traduzir a palavra em uma descrição. Mas essa não é uma restrição efetiva. Se a ideia de "Pégaso" fosse tão obscura ou tão simples de modo que nenhuma tradução apropriada, segundo os procedimentos conhecidos, tivesse se apresentado em termos de uma expressão descritiva, ainda assim poderíamos nos valer do seguinte truque artificial e aparentemente trivial: poderíamos recorrer ao atributo *ex hypothesi* não analisável e irredutível de *ser Pégaso,* adotando o verbo "é-Pégaso" ou "pegaseia" para exprimi-lo. O nome "Pégaso", ele próprio, poderia ser tratado como derivado e identificado, em último caso, com uma descrição: "a coisa que é-Pégaso", "a coisa que pegaseia".[7]

Se a importação de um predicado como "pegaseia" parece nos comprometer com o reconhecimento de que há um atributo correspondente, pegasear, no céu de Platão ou na mente dos homens, muito bem. Nem nós nem o sr. Y ou McX discutimos, até agora, a respeito do ser ou do não ser dos universais, mas, antes, a respeito do ser ou do não ser de Pégaso. Se, em termos de pegasear, podemos interpretar o nome "Pégaso" como uma descrição sujeita à teoria das descrições de Russell, então teremos abandonado a velha ideia de que não se pode dizer que Pégaso não é, sem pressupor que Pégaso, em algum sentido, é.

Nosso argumento agora é bastante geral. McX e o sr. Y supunham que nós não podíamos afirmar significativamente um enunciado da forma "Tal e tal não é", com um substantivo singular simples ou descritivo no lugar de "tal e tal", a menos que tal e tal fosse. Vemos agora que essa suposição é no geral completamente infundada, já que o substantivo singular em questão pode sempre ser expandido em uma descrição singular, trivialmente ou não, e então analisado *à la* Russell.

---

[7] Para mais observações sobre essa assimilação de todos os termos singulares a descrições, ver adiante, p.232-3; também Quine (1950, p.218-24).

Nós nos comprometemos com uma ontologia que contém números quando dizemos que há números primos maiores que um milhão; nós nos comprometemos com uma ontologia que contém centauros quando dizemos que há centauros; nós nos comprometemos com uma ontologia que contém Pégaso quando dizemos que Pégaso é. Mas nós não nos comprometemos com uma ontologia que contém Pégaso, o autor de *Waverley* ou a cúpula redonda quadrada do Berkeley College, quando dizemos que Pégaso *não* é, o autor de *Waverley não* é ou a cúpula redonda quadrada do Berkeley College *não é*. Nós não precisamos mais trabalhar sob a ilusão de que a significatividade de um enunciado que contém um termo singular pressupõe uma entidade nomeada pelo termo.

Um termo singular não precisa nomear para ser significativo. Uma suspeita a esse respeito poderia ter ocorrido ao sr. Y e a McX, mesmo sem o auxílio de Russell, se eles tivessem percebido – como poucos de nós percebem – que há um abismo entre *significar* e *nomear*, mesmo no caso de um termo singular que é genuinamente um nome de um objeto. O seguinte exemplo de Frege (1893) será suficiente. A expressão "estrela da tarde" nomeia certo objeto físico grande e de forma esférica, que vaga pelo espaço a alguns milhões de quilômetros daqui. A expressão "estrela da manhã" nomeia a mesma coisa, como constatou, provavelmente pela primeira vez, um observador babilônico. Mas não se pode considerar que as duas expressões tenham o mesmo significado; do contrário, aquele babilônico poderia ter abandonado suas observações e se contentado em refletir sobre o significado de suas palavras. Os significados, então, sendo diferentes um do outro, têm de ser distintos do objeto nomeado, que é uma e a mesma coisa em ambos os casos. A confusão entre significar e nomear não apenas fez McX acreditar que ele não poderia rejeitar significativamente Pégaso; a persistência de uma confusão entre significar e nomear sem dúvida ajudou a engendrar sua concepção absurda de que Pégaso é uma ideia, uma entidade mental. A estrutura de sua confusão é a seguinte. Ele confundiu o suposto *objeto nomeado* Pégaso com o *significado* da palavra "Pégaso", concluindo, portanto, que Pégaso deve ser para que a palavra tenha significado. Mas que tipo de coisas são os significados? Esse é um ponto controverso; no entanto, pode-se, de maneira bastante plausível, explicar os significados como ideias na mente, supondo que se possa esclarecer, por sua vez, a ideia de ideias na mente. Portanto, Pégaso, que fora inicialmente confundido com um significado, acaba como uma ideia na mente. O mais notável é o fato de que o sr. Y, sujeito à mesma motivação inicial que McX, deveria ter evitado essa bobagem específica e, em vez disso, acaba com possíveis não realizados.

Voltemo-nos agora ao problema ontológico dos universais: à questão de saber se há entidades como atributos, relações, classes, números, funções. McX, de maneira bastante característica, acredita que há. Falando de atributos, ele diz: "Há casas vermelhas, rosas vermelhas, pores do sol vermelhos; isso tudo é senso comum pré-filosófico, com o qual todos nós devemos concordar. Essas casas, rosas e pores do sol têm, pois, algo em comum; e isso que eles têm em comum é tudo o que quero dizer com o atributo da vermelhidão". Para McX, portanto, haver atributos é ainda mais óbvio e trivial do que o fato óbvio e trivial de haver casas, rosas e pores do sol vermelhos. Isso, penso eu, é característico da metafísica, ou ao menos daquela parte da metafísica chamada ontologia: quem considera um enunciado sobre esse assunto verdadeiro absolutamente deve considerá-lo trivialmente verdadeiro. A ontologia de cada um está na base do esquema conceitual por meio do qual ele interpreta todas as experiências, inclusive as mais banais. Julgado no interior de algum esquema conceitual particular – e de que outro modo um juízo é possível? – um enunciado ontológico é evidente por si mesmo, não precisando absolutamente de nenhuma justificação adicional. Enunciados ontológicos seguem-se imediatamente de todo tipo de enunciados casuais sobre fatos banais, assim como – ao menos do ponto de vista do esquema conceitual de McX – "Há um atributo" decorre de "Há casas vermelhas, rosas vermelhas e pores do sol vermelhos".

Julgado em outro esquema conceitual, um enunciado ontológico, que tem valor de axioma para a forma de pensar de McX, pode, de maneira igualmente imediata e trivial, ser julgado falso. Pode-se admitir que haja casas, rosas e pores do sol vermelhos, mas negar, exceto falando de uma maneira vulgar e equivocada, que eles têm algo em comum. As palavras "casas", "rosas" e "pores do sol" são verdadeiras a respeito de diversas entidades individuais que são casas, rosas e pores do sol, e as palavras "vermelho" ou "é vermelho" são verdadeiras sobre cada uma das diversas entidades individuais que são casas vermelhas, rosas vermelhas, pores do sol vermelhos; mas não há, além disso, nenhuma entidade, individual ou não, nomeada pela palavra "vermelhidão", nem, do mesmo modo, pela palavra "casidade", "rosidade", "pôr do solidade". O fato de que as casas, as rosas e os pores do sol sejam todos vermelhos pode ser considerado algo fundamental e irredutível, e pode-se sustentar que McX não ganha nada, no que diz respeito ao poder explicativo efetivo, com todas as entidades ocultas que ele postula sob nomes como "vermelhidão".

Uma das maneiras pelas quais McX poderia ter tentado nos impor sua ontologia dos universais já fora excluída antes de nos voltarmos ao problema dos universais. McX não pode argumentar que predicados como "vermelho" ou "é vermelho", que todos concordamos em utilizar, devem ser vistos como nomes, cada um sendo nome de uma única entidade universal, para serem significativos de algum modo. Pois vimos que ser um nome de algo é uma característica muito mais específica do que a característica de ser significativo. Ele não pode sequer nos acusar – ao menos não com *este* argumento – de termos postulado um atributo de pegasear ao adotarmos o predicado "pegaseia".

No entanto, McX descobre um estratagema diferente. "Aceitemos", diz ele, "essa distinção entre significar e nomear que você tanto preza. Aceitemos inclusive que 'é vermelho', 'pegaseia' etc., não sejam nomes de atributos. Ainda assim, você admite que eles têm significados. Mas esses *significados*, sejam eles *nomeados* ou não, são, ainda assim, universais, e ouso dizer que alguns deles podem inclusive ser as próprias coisas que eu chamo de atributos, ou algo que, no final, têm o mesmo propósito".

Para McX, esse é um discurso extraordinariamente convincente, e a única maneira que conheço de me contrapor a ele é me recusando a aceitar significados. No entanto, não sinto nenhuma relutância em me recusar a aceitar significados, pois, com isso, não nego que palavras e enunciados sejam significativos. McX e eu podemos concordar literalmente em nossa classificação das formas linguísticas em significativas e sem significado, mesmo que McX conceba a significatividade como *possuir* (em algum sentido de "possuir") alguma entidade abstrata que ele chama de significado, enquanto eu não. Continuo livre para sustentar que o fato de uma dada enunciação linguística ser significativa [*meaningful*] (ou *significante* [*significant*], como prefiro dizer, de modo a não possibilitar a hipóstase de significados como entidade) é um fato fundamental e irredutível, ou posso tentar analisá-lo diretamente em termos do que as pessoas fazem na presença da enunciação linguística em questão e de outras enunciações similares a ela.

As maneiras proveitosas por meio das quais as pessoas comumente falam ou parecem falar sobre significados reduzem-se a duas: a *posse* de significados, que é a significância, e a *identidade* de significado, ou sinonímia. O que é chamado de *dar* o significado de uma enunciação não é mais do que enunciar um sinônimo, comumente formulado em linguagem mais clara que a original. Se formos alérgicos aos significados como tais, podemos falar diretamente de enunciações como significantes ou não significantes, e como sinônimas e heterônimas uma em relação à outra. O problema de explicar os adjetivos "significante" e "sinônimo" com algum grau de clareza e rigor – preferencialmente, do meu ponto de vista, em termos de comportamento – é tão difícil quanto importante.[8] Mas o valor explicativo de entidades intermediárias específicas e irredutíveis, chamadas de significados, é certamente ilusório.

Até agora argumentei que podemos usar termos singulares significativamente em sentenças, sem pressupor que haja as entidades que esses termos pretendem nomear. Argumentei, além disso, que podemos usar termos gerais, por exemplo, predicados, sem aceitar que eles são nomes de entidades abstratas. Argumentei, igualmente, como podemos encarar enunciações linguísticas como significantes, e sinônimas ou heterônimas uma em relação à outra, sem favorecer um reino de entidades chamadas significados. Neste ponto, McX começa a ponderar se há algum limite para nossa imunidade ontológica. *Nada* do que podemos dizer nos compromete com a suposição de universais ou de outras entidades que possamos julgar indesejáveis?

---

[8] Ver os ensaios II e III.

Já sugeri uma resposta negativa a essa questão, ao falar de variáveis ligadas, ou variáveis de quantificação, com a teoria das descrições de Russell. Podemos facilmente nos envolver em compromissos ontológicos dizendo, por exemplo, que *há algo* (variável ligada) que casas e pores do sol vermelhos têm em comum; ou que *há algo* que é um número primo maior do que um milhão. Mas isso é, essencialmente, a única maneira de nos envolvermos em compromissos ontológicos: por nosso uso de variáveis ligadas. O uso de nomes supostos não é critério, pois podemos recusar sua nominalidade [*namehood*] em um piscar de olhos, a não ser que a suposição de uma entidade correspondente possa ser descoberta nas coisas que afirmamos em termos de variáveis ligadas. Nomes são, de fato, totalmente irrelevantes para o problema ontológico, pois mostrei que, assim como "Pégaso" e "pegasear", nomes podem ser convertidos em descrições, e Russell mostrou que descrições podem ser eliminadas. O que quer que digamos com a ajuda de nomes pode ser dito em uma linguagem que evita nomes completamente. Supor algo como uma entidade é, pura e simplesmente, supô-lo como o valor de uma variável. Nos termos das categorias da gramática tradicional, isso equivale aproximadamente a dizer que ser é estar no domínio de referência de um pronome. Pronomes são os meios básicos de referência; os substantivos, melhor seria chamá-los de propronomes. As variáveis de quantificação, "algo", "nada", "tudo", perpassam toda nossa ontologia, qualquer que seja ela; e estamos presos a uma pressuposição ontológica particular se, e apenas se, o objeto presumido da pressuposição tiver de ser reconhecido entre as entidades que nossas variáveis percorrem para tornar uma de nossas afirmações verdadeiras.

Podemos dizer, por exemplo, que alguns cachorros são brancos sem, com isso, nos comprometermos com o reconhecimento, seja da canidade, seja da brancura, como entidades. "Alguns cachorros são brancos" diz que algumas coisas que são cachorros são brancas; e, para que esse enunciado seja verdadeiro, as coisas que a variável ligada "algo" percorre devem incluir alguns cães brancos, mas não precisa incluir caninidade ou brancura. Por outro lado, quando dizemos que algumas espécies zoológicas são caracterizadas pela fecundação cruzada, estamos nos comprometendo a reconhecer como entidades as diversas espécies, elas próprias, por mais abstratas que sejam. Permanecemos, desse modo, comprometidos, ao menos até inventar uma maneira de parafrasear o enunciado, de modo a mostrar que a aparente referência a espécies por parte de nossa variável ligada era uma maneira de falar que pode ser evitada.[9]

A Matemática clássica, como ilustra claramente o exemplo dos primos maiores que um milhão, está envolvida até o pescoço em compromissos relativos a uma ontologia de entidades abstratas. É desse modo que a enorme controvérsia medieval acerca dos universais reacendeu na filosofia da Matemática moderna. A questão está mais clara agora do que antes, pois atualmente dispomos de um critério mais explícito que permite decidir com qual ontologia uma dada teoria ou forma de discurso está comprometida: uma teoria está comprometida com aquelas, e somente aquelas, entidades a que as variáveis ligadas da teoria devem ser capazes de se referir para que as afirmações feitas na teoria sejam verdadeiras.

Como esse critério de pressuposição ontológica não apareceu claramente na tradição filosófica, os modernos filósofos da Matemática modernos em conjunto, não perceberam que estavam debatendo o mesmo e velho problema dos

---

[9] Para mais sobre isso, ver o Ensaio VI.

universais, clarificando-o de maneira nova. Mas as diferenças fundamentais entre os pontos de vista modernos sobre os fundamentos da Matemática reduzem-se de modo bastante explícito a divergências acerca dos domínios de entidades a que as variáveis ligadas deveriam poder se referir.

Os três principais pontos de vista medievais acerca dos universais são designados pelos historiadores como *realismo*, *conceitualismo* e *nominalismo*. Essencialmente, essas mesmas três doutrinas reaparecem nos compêndios de Filosofia da Matemática do século XX sob os nomes de *logicismo*, *intuicionismo* e *formalismo*.

O *realismo*, tal como a palavra é usada no contexto da controvérsia medieval sobre os universais, é uma doutrina platônica segundo a qual universais ou entidades abstratas possuem ser, independentemente da mente; a mente pode descobri-los, mas não pode criá-los. O *logicismo*, representado por Frege, Russell, Whitehead, Church e Carnap, tolera o uso de variáveis ligadas para fazer referência a entidades abstratas conhecidas ou desconhecidas, especificáveis ou não, indiscriminadamente.

O *conceitualismo* sustenta que há universais, mas que eles são produtos da mente. O *intuicionismo*, adotado nos tempos modernos em uma forma ou outra por Poincaré, Brouwer, Weyl e outros, defende o uso de variáveis ligadas para fazer referência a entidades abstratas apenas quando essas entidades podem ser forjadas individualmente com base em ingredientes especificados de antemão. Como colocou Fraenkel, o logicismo sustenta que as classes são descobertas, enquanto o intuicionismo sustenta que elas são inventadas – um veredicto justo, com efeito, acerca da oposição entre realismo e conceitualismo. Essa oposição não é mero jogo de palavras; ela indica uma diferença essencial no que diz respeito à parte da Matemática clássica que cada um está disposto a aceitar.

Logicistas ou realistas podem, com base em suas suposições, chegar às ordens ascendentes de infinito de Cantor; os intuicionistas são obrigados a parar na ordem de infinito mais baixa e, como consequência indireta, a abandonar inclusive algumas das leis clássicas dos números reais.[10] A controvérsia moderna entre logicismo e intuicionismo surgiu, de fato, da divergência acerca do infinito.

O *formalismo*, associado ao nome de Hilbert, ecoa o intuicionismo ao lamentar o recurso desenfreado do logicista a universais. Mas o formalismo também considera o intuicionismo insatisfatório. Isso poderia ocorrer por uma entre duas razões opostas. O formalista poderia, como o logicista, contestar a mutilação da Matemática clássica; ou, como os *nominalistas* de antigamente, poderia contestar a admissão de quaisquer entidades abstratas, até mesmo no sentido restrito de entidades produzidas pela mente. O resultado é o mesmo: o formalista mantém a Matemática clássica como um jogo de notações não significantes. Esse jogo de notações ainda pode ter utilidade – qualquer que seja a utilidade que ele já mostrou ter como muleta para físicos e tecnólogos. Mas utilidade não precisa implicar significância, em nenhum sentido linguístico literal. Nem o sucesso notável dos matemáticos em produzir longamente teoremas e encontrar bases objetivas para um acordo com o resultado de outros implica significância. Isso porque uma base adequada para o acordo entre os matemáticos pode ser encontrada simplesmente nas regras que governam a manipulação das notações – sendo essas regras sintáticas, diferentemente das próprias notações, completamente significantes e inteligíveis.[11]

---

[10] Ver p.175 et seq.
[11] Ver Goodman e Quine. Para uma discussão suplementar das questões gerais tratadas nas últimas duas páginas, ver Bernays (1935-36), Fraenkel, Black.

Eu argumentei que o tipo de ontologia adotado por nós pode ser consequente – notadamente no que diz respeito à Matemática, embora esse seja apenas um exemplo. Ora, como decidir entre ontologias rivais? Certamente, a resposta não é dada pela fórmula "ser é ser o valor de uma variável". Essa fórmula serve, antes, para testar a conformidade de uma dada afirmação ou doutrina a um padrão ontológico anterior. Olhamos para variáveis ligadas em sua vinculação com a ontologia não para saber o que há, mas para saber o que uma dada observação ou doutrina, nossa ou de outro, *diz* que há; e esse é propriamente um problema que diz respeito à linguagem. Mas o que há é outra questão.

Ao discutir acerca do que há, ainda existem razões para trabalhar em um plano semântico. Uma razão é escapar do embaraço apontado no início deste ensaio: o embaraço de não poder admitir que há coisas que McX sustenta e eu não. Enquanto estiver preso à minha ontologia, como ontologia oposta à de McX, não posso permitir que minhas variáveis ligadas façam referência a entidades que pertencem à ontologia de McX e não à minha. Posso, porém, descrever coerentemente nossa divergência, caracterizando os enunciados que McX afirma. Desde que minha ontologia admita formas linguísticas ou, ao menos, inscrições e enunciações concretas, posso falar sobre as sentenças de McX.

Outra razão para se limitar a um plano semântico é encontrar um terreno comum para argumentar. A divergência quanto à ontologia envolve a divergência básica quanto ao esquema conceitual; no entanto, McX e eu, apesar de divergências básicas, acreditamos que nossos esquemas conceituais convergem o suficiente em suas ramificações superiores e intermediárias para permitir que nos comuniquemos com sucesso sobre assuntos como política, tempo e, em particular, linguagem. Na medida em que nossa divergência básica acerca da ontologia puder ser traduzida em uma controvérsia sobre palavras e o que fazer com elas, a ruína da controvérsia quanto à petição de princípios poderá ser adiada.

Não é de admirar, pois, que a controvérsia ontológica levasse a uma controvérsia sobre linguagem. Mas não devemos saltar para a conclusão de que o que há depende de palavras. A traduzibilidade de uma questão em termos semânticos não é uma prova de que a questão é linguística. "Ver Nápoles" é carregar um nome que, quando prefixado às palavras "ver Nápoles", produz uma sentença verdadeira; ainda assim, não há nada de linguístico em ver Nápoles.

Nossa aceitação de uma ontologia é, penso eu, semelhante em princípio à nossa aceitação de uma teoria científica, por exemplo, de um sistema de Física: adotamos, ao menos se formos razoáveis, o esquema conceitual mais simples, no qual os fragmentos desordenados da experiência bruta podem ser encaixados e organizados. Nossa ontologia é determinada uma vez que fixamos o esquema conceitual global que pode acomodar a ciência no sentido mais amplo, e as considerações que determinam uma construção razoável de qualquer parte desse esquema conceitual; por exemplo, a parte biológica ou a parte física não são de um tipo diferente das considerações que determinam uma construção razoável do todo. Na mesma medida em que a adoção de qualquer sistema de teoria científica pode ser tida como uma questão de linguagem, o mesmo – mas não mais – pode ser dito da adoção de uma ontologia.

Mas a simplicidade, como princípio orientador na construção de esquemas conceituais, não é uma noção clara e livre de ambiguidade, e é perfeitamente capaz de apresentar um padrão duplo ou múltiplo. Imagine, por exemplo, que tenhamos estabelecido o conjunto mais econômico de conceitos adequados para o relato ponto a ponto da experiência imediata. As entidades no interior desse esquema – os valores de variáveis ligadas – são, suponhamos, eventos subjetivos individuais da sensação ou da reflexão. Ainda assim, acharíamos, sem dúvida nenhuma, que um esquema conceitual fisicalista, que pretende falar de objetos exteriores, oferece grandes vantagens ao simplificar nossos relatos globais. Agrupando os eventos sensíveis dispersos e tratando-os como percepções de um objeto, reduzimos a complexidade de nosso fluxo da experiência a uma simplicidade conceitual controlável. A regra da simplicidade é, na verdade, nossa máxima orientadora na atribuição de dados sensíveis a objetos: associamos uma sensação anterior de redondo e uma sensação posterior de redondo à mesma suposta moeda, ou a duas supostas moedas diferentes, obedecendo às exigências de máxima simplicidade em nossa imagem global do mundo.

Nós temos aqui dois esquemas conceituais concorrentes, um fenomenalista e um fisicalista. Qual deles deve prevalecer? Cada um tem suas vantagens; cada um tem, a seu modo, sua simplicidade específica. Cada um, proponho, merece ser desenvolvido. Cada um pode ser tido, de fato, como o mais fundamental, embora em sentidos diferentes: um, epistemologicamente fundamental; outro, fisicamente fundamental.

O esquema conceitual físico simplifica nossa apreensão da experiência em virtude da maneira como inúmeros eventos sensíveis dispersos vêm a ser associados a assim chamados objetos individuais; além disso, não é nem um pouco verossímil que cada sentença sobre objetos físicos possa ser realmente traduzida, mesmo que de modo tortuoso e complexo, na linguagem fenomenalista. Objetos físicos são entidades postuladas que uniformizam e simplificam nossa apreensão do fluxo da experiência, assim como a introdução de números irracionais simplifica as leis da Aritmética. Do ponto de vista exclusivo do esquema conceitual da Aritmética elementar dos números racionais, a Aritmética mais ampla dos números racionais e irracionais teria o estatuto de um mito conveniente, mais simples do que a verdade literal (isto é, a Aritmética dos racionais) e que contém, no entanto, a verdade literal como uma parte dispersa. De maneira similar, do ponto de vista fenomenalista, o esquema conceitual dos objetos físicos é um mito conveniente, mais simples do que a verdade literal e que contém, no entanto, a verdade literal como uma parte dispersa.[12]

E quanto, por sua vez, a classes ou atributos dos objetos físicos? Uma ontologia platonista desse tipo é, do ponto de vista de um esquema conceitual estritamente fisicalista, um mito, tanto quanto o próprio esquema conceitual fisicalista é um mito para o fenomenalismo. Esse mito mais elevado, por sua vez, é bom e conveniente, na medida em que simplifica nossa concepção da Física. Como a Matemática é parte desse mito mais elevado, a utilidade desse mito para a ciência física é suficientemente evidente. Falando dele, entretanto, como um mito, ecoo aquela filosofia da Matemática a que aludi anteriormente sob o nome de formalismo. Mas uma atitude formalista poderia, com o mesmo direito, ser adotada em relação ao esquema conceitual físico, por sua vez, pelo puro esteta ou fenomenalista.

A analogia entre o mito da Matemática e o mito da Física é, em alguns aspectos adicionais e talvez fortuitos, surpreendentemente estreita. Considere, por exemplo, a crise causada nos fundamentos da Matemática, na virada do século XIX para o século XX, pela descoberta do paradoxo de Russell e por outras antinomias da teoria dos conjuntos.

---

[12] A analogia matemática deve-se a Frank (1949), p.108 et seq.

Essas contradições tinham de ser remediadas por artifícios não intuitivos e *ad hoc*;[13] nossa produção matemática de mitos tornou-se deliberada e evidente a todos. Mas e quanto à Física? Uma antinomia surgiu entre a explicação ondulatória e a teoria corpuscular da luz; e se isso não era exatamente uma contradição, como o paradoxo de Russell, suspeito que a razão é que a Física não é tão exata quanto a Matemática. Mais uma vez, a segunda grande crise moderna nos fundamentos da Matemática – causada em 1931 pela prova de Gödel (1931) de que inevitavelmente há enunciados na Aritmética que não se podem decidir – tem seu correspondente na Física no princípio de indeterminação de Heisenberg.

Em páginas anteriores, tentei mostrar que alguns argumentos comuns a favor de certas ontologias são falaciosos. Em seguida, introduzi um padrão explícito por meio do qual se determina quais os compromissos ontológicos de uma teoria. Mas a questão de qual ontologia efetivamente adotar ainda fica em aberto, e o conselho óbvio é tolerância e espírito experimental. Vejamos com todos os meios como o esquema conceitual fisicalista pode ser reduzido a um fenomenalista; ainda assim, a Física exige ser levada adiante, irredutível *in toto* que seja. Vejamos como, ou em que medida, a ciência natural pode se tornar independente da Matemática platônica; mas levemos também a Matemática adiante e investiguemos seus fundamentos platônicos.

Dentre os vários esquemas conceituais mais apropriados a esses vários propósitos, um – o fenomenalista – reivindica prioridade ontológica. Visto de dentro, o esquema conceitual fenomenalista, as ontologias dos objetos físicos e dos objetos matemáticos são mitos. A qualidade de mito, no entanto, é

---

[13] Ver adiante, p.130 et seq., 138 et seq., 171 et seq.

relativa; relativa, nesse caso, ao ponto de vista epistemológico. Esse ponto de vista é um dentre vários, correspondendo a um dentre vários de nossos interesses e propósitos.

II

DOIS DOGMAS DO EMPIRISMO

O empirismo moderno foi condicionado, em grande parte, por dois dogmas. Um deles é a crença em uma divisão fundamental entre verdades que são *analíticas*, ou fundadas em significados independentemente de questões de fato, e verdades que são *sintéticas*, ou fundadas em fatos. O outro dogma é o *reducionismo*: a crença de que cada enunciado significativo é equivalente a alguma construção lógica com base em termos que se referem à experiência imediata. Ambos os dogmas, como vou argumentar, são mal fundamentados. Uma das consequências de abandoná-los consiste, como veremos, em obscurecer a suposta fronteira entre a metafísica especulativa e a ciência natural. Outra consequência é uma mudança de direção rumo ao pragmatismo.

1. *O pano de fundo da analiticidade*

A divisão proposta por Kant entre verdades analíticas e verdades sintéticas prefigurava-se na distinção proposta por Hume entre relações de ideias e questões de fato e, na distinção proposta por Leibniz, entre verdades de razão e verdades de fato. Leibniz falou das verdades de razão como verdadeiras em todos os mundos possíveis. Deixando de lado o elemento pitoresco, isso significa dizer que as verdades de razão são aquelas que não poderiam, em nenhum caso, ser falsas. No mesmo espírito, ouvimos definições dos enunciados analíticos como enunciados cujas negações são autocontraditórias. Mas essa definição tem pouco valor explicativo, pois a noção de autocontradição, no sentido bastante amplo requerido para essa noção de analiticidade, tem exatamente a mesma necessidade de clarificação que a de analiticidade. As duas noções são os dois lados de uma mesma e duvidosa moeda.

Kant concebia um enunciado analítico como aquele que atribuía a seu sujeito não mais do que já está conceitualmente contido no sujeito. Essa formulação tem dois defeitos: ela se limita a enunciados da forma sujeito-predicado e recorre à noção de estar contido, que é deixada em nível metafórico. Mas a intenção de Kant, evidente mais pelo uso que faz da noção de analiticidade do que por sua definição a respeito, pode ser reformulada do seguinte modo: um enunciado é analítico quando é verdadeiro em virtude dos significados e independentemente de fatos. Seguindo essa linha, examinemos o conceito de *significado* que está pressuposto.

O significado, recordemos, não deve ser identificado com a nomeação.[1] O exemplo de Frege da "estrela da manhã" e da "estrela da tarde", e o exemplo de Russell de "Scott" e "o autor de *Waverley*" ilustram o fato de que termos podem nomear a mesma coisa, mas diferir quanto ao significado. A distinção entre significar e nomear não é menos importante no nível dos termos abstratos. Os termos "9" e "o número de

---

[1] Ver anteriormente, p.21.

planetas" nomeiam uma única entidade abstrata, mas devem, presumivelmente, ser considerados diferentes quanto ao significado, pois observações astronômicas foram necessárias, e não apenas a reflexão sobre os significados, para determinar a igualdade da entidade em questão.

Os exemplos anteriores consistem em termos singulares concretos e abstratos. No caso de termos gerais, ou predicados, a situação é um pouco diferente, mas paralela. Enquanto um termo singular pretende nomear uma entidade, abstrata ou concreta, um termo geral, não; mas um termo geral é *verdadeiro a respeito de* uma entidade, ou de cada uma de muitas, ou de nenhuma.[2] A classe de todas as entidades de que um termo geral é verdadeiro é chamada de extensão do termo. Paralelamente ao contraste entre o significado de um termo singular e de uma entidade nomeada, devemos distinguir ainda entre o significado de um termo geral e sua extensão. Os termos gerais "criatura com coração" e "criatura com rins", por exemplo, são talvez semelhantes quanto à extensão, mas diferentes quanto ao significado.

A confusão do significado com a extensão, no caso dos termos gerais, é menos comum do que a confusão do significado com a nomeação, no caso dos termos singulares. É, de fato, um lugar-comum na Filosofia opor intensão (ou significado) e extensão, ou, segundo um vocabulário diferente, conotação e denotação.

A noção aristotélica de essência, sem dúvida, foi a precursora da noção moderna de intensão ou significado. Para Aristóteles, era essencial ao homem ser racional e acidental ter duas pernas. Mas há uma diferença importante entre essa atitude e a doutrina do significado. Deste último ponto de

---

[2] Ver anteriormente, p.34, e adiante, p.152-63.

vista, é possível de fato admitir (mesmo que apenas em nome do argumento) que a racionalidade está incluída no significado da palavra "homem", ao passo que o fato de possuir duas pernas não está; mas o fato de possuir duas pernas pode, ao mesmo tempo, ser considerado como estando contido no significado de "bípede", enquanto "racionalidade" não está. Assim, do ponto de vista da doutrina do significado, não faz nenhum sentido dizer do indivíduo real, que é ao mesmo tempo homem e bípede, que sua racionalidade é essencial, e que o fato de possuir duas pernas é acidental ou vice-versa. Para Aristóteles, as coisas tinham essências; apenas formas linguísticas têm significados. O significado é aquilo em que se torna a essência quando ela se divorcia do objeto de referência e se une à palavra.

Para a teoria do significado, uma questão flagrante é a da natureza de seus objetos: que tipo de coisas são os significados? Uma necessidade perceptível de que haja entidades significadas pode derivar de uma falha anterior em perceber que significado e referência são distintos. Uma vez que a teoria do significado esteja nitidamente separada da teoria da referência, é necessário apenas um pequeno passo para reconhecer como primeira ocupação da teoria do significado tão somente a sinonímia de formas linguísticas e a analiticidade dos enunciados; os próprios significados, como entidades intermediárias obscuras, podem muito bem ser abandonados.[3]

Somos, então, confrontados novamente pelo problema da analiticidade. Não é, de fato, difícil encontrar enunciados que são analíticos por aclamação filosófica geral. Eles se dividem em duas classes. Os da primeira classe, que podem ser chamados de *logicamente verdadeiros*, são do seguinte tipo:

---

[3] Ver anteriormente, p.24 et seq., e adiante, p.71 et seq.

(1) Nenhum homem não casado é casado.

A característica relevante desse exemplo é que ele não apenas é verdadeiro tal como é, mas permanece verdadeiro em toda e qualquer reinterpretação de "homem" e "casado". Se supusermos um inventário prévio de partículas *lógicas*, incluindo "nenhum", "in-", "não", "se", "então", "e" etc., segue-se que, em geral, uma verdade lógica é um enunciado que é verdadeiro e permanece verdadeiro em todas as reinterpretações de seus outros componentes que não as partículas lógicas.

Mas há também uma segunda classe de enunciados analíticos, que são do seguinte tipo:

(2) Nenhum solteiro é casado.

A característica de tal enunciado é que ele pode ser transformado em uma verdade lógica pela substituição de sinônimos por sinônimos; assim, (2) pode ser transformado em (1) pela substituição de "homem não casado" por seu sinônimo "solteiro". Ainda nos falta uma caracterização apropriada dessa segunda classe de enunciados analíticos, e, com isso, da analiticidade em geral, na medida em que, na descrição anterior, tivemos de nos apoiar em uma noção de "sinonímia" que precisa ser clarificada tanto quanto precisa ser clarificada a própria noção de analiticidade.

Recentemente, Carnap procurou explicar a analiticidade, recorrendo ao que chama de descrições de estado.[4] Uma descrição de estado é qualquer atribuição exaustiva de valores de verdade a enunciados atômicos ou não compostos da linguagem. Todos os outros enunciados da linguagem são,

---

[4] Carnap, 1947, p.9 et seq.; 1950, p.70 et seq.

supõe Carnap, construídos por suas orações componentes por meio dos instrumentos lógicos familiares, de tal forma que o valor de verdade de qualquer enunciado é fixado para cada descrição de estado por leis lógicas especificáveis. Um enunciado é, então, explicado como analítico quando se revela verdadeiro em todas as descrições de estado. Essa explicação é uma adaptação do "verdadeiro em todos os mundos possíveis" de Leibniz. Mas note que essa versão da analiticidade cumpre sua finalidade apenas se os enunciados atômicos da linguagem forem, diferentemente de "João é solteiro" e "João é casado", mutuamente independentes. Do contrário, haveria uma descrição de estado que atribuiria verdade a "João é solteiro" e a "João é casado", e consequentemente "Nenhum solteiro é casado" se revelaria sintético, em vez de analítico, segundo o critério proposto. Desse modo, o critério de analiticidade em termos de descrições de estado serve apenas para linguagens desprovidas de pares de sinônimos extralógicos, tal como "solteiro" e "não casado" – pares de sinônimos do tipo que dão origem à "segunda classe" de enunciados analíticos. O critério em termos de descrições de estado é, quando muito, uma reconstrução da verdade lógica, não da analiticidade.

Eu não quero sugerir que Carnap esteja, de alguma forma, iludido nesse ponto. Sua linguagem-modelo simplificada, com suas descrições de estado, visa não ao problema geral da analiticidade, mas a outro propósito: a clarificação da probabilidade e da indução. Nosso problema, no entanto, é a analiticidade; e aqui a maior dificuldade se encontra não na primeira classe de enunciados analíticos – as verdades lógicas – mas, ao contrário, na segunda classe, que depende da noção de sinonímia.

2. Definição

Existem aqueles que acham reconfortante dizer que os enunciados analíticos da segunda classe se reduzem aos da primeira, as verdades lógicas, por *definição*; "solteiro", por exemplo, é *definido* como "homem não casado". Mas como descobrimos que "solteiro" é definido como "homem não casado"? Quem o definiu assim, e quando? Devemos recorrer ao dicionário mais próximo e aceitar a formulação do lexicógrafo como uma lei? Evidentemente, isso significaria colocar o carro na frente dos bois. O lexicógrafo é um cientista empírico, cuja ocupação é registrar fatos passados; e se ele registra "solteiro" como "homem não casado", é graças à sua crença de que há uma relação de sinonímia entre essas formas, implícita no uso geral ou preponderante, anterior a seu próprio trabalho. A noção de sinonímia pressuposta aqui ainda tem de ser clarificada, presumivelmente em termos relacionados ao comportamento linguístico. Certamente, a "definição", que consiste no relato que faz o lexicógrafo de uma sinonímia observada, não pode ser tomada como fundamento da sinonímia.

A definição não é, na verdade, uma atividade exclusiva de filólogos. Filósofos e cientistas frequentemente têm a oportunidade de "definir" um termo obscuro ao parafraseá-lo nos termos de um vocabulário mais familiar. Mas, em geral, essa definição, como a do filólogo, é pura lexicografia, afirmando uma relação de sinonímia anterior à exposição dada.

Está longe de ser claro o que exatamente significa afirmar a sinonímia, o que exatamente podem ser as interconexões necessárias e suficientes para que duas formas linguísticas sejam apropriadamente descritas como sinônimas; mas, o que quer que sejam, essas interconexões são normalmente baseadas no uso. Definições relatando exemplos escolhidos de sinonímia aparecem como relatos sobre o uso.

No entanto, também há um tipo alternativo de atividade definidora que não se limita a relatar os sinônimos preexistentes. Tenho em mente o que Carnap chama de *explicação* – uma atividade à qual os filósofos estão devotados, assim como os cientistas em seus momentos mais filosóficos. Na explicação, o propósito não é apenas parafrasear o *definiendum* em um sinônimo imediato, mas na verdade aperfeiçoar o *definiendum*, refinando ou complementando seu significado. Mas mesmo a explicação, embora não apenas relate uma sinonímia preexistente entre *definiendum* e *definiens*, baseia-se em *outras* sinonímias preexistentes. A questão pode ser vista da seguinte forma: qualquer palavra digna de explicação tem alguns contextos, que, como totalidades, são claros e precisos o bastante para serem utilizados, e o propósito da explicação é preservar o uso desses contextos privilegiados, refinando ao mesmo tempo o uso de outros contextos. O que é requerido para que uma dada definição seja apropriada para os propósitos da explicação não é que o *definiendum* em seu uso anterior seja sinônimo do *definiens*, mas apenas que cada um desses contextos privilegiados do *definiendum*, tomados como uma totalidade em seu uso anterior, seja sinônimo do contexto correspondente do *definiens*.

Dois *definientia* alternativos podem ser igualmente apropriados para os propósitos de uma dada tarefa de explicação e, ainda assim, não serem sinônimos um do outro, pois eles podem ser apropriados de maneira intersubstituível em contextos privilegiados e divergir em outros contextos. Sendo fiel a um desses *definientia* e não ao outro, uma definição de tipo explicativo gera, por decreto, uma relação de sinonímia entre *definiendum* e *definiens* que não valia antes. Mas essa definição ainda deve sua função explicativa, como foi visto, a sinonímias preexistentes.

Ainda resta, porém, uma forma extrema de definição que não remete absolutamente a sinonímias anteriores, a saber: a introdução explicitamente convencional de novas notações para fins de mera abreviação. Aqui o *definiendum* se torna sinônimo do *definiens* apenas porque foi criado expressamente com o propósito de ser sinônimo do *definiens*. Temos aqui um caso realmente transparente de sinonímia criada por definição; quisera que todas as espécies de sinonímia fossem tão inteligíveis. Nos outros casos, a definição se baseia na sinonímia em vez de explicá-la.

A palavra "definição" passou a ter um tom perigosamente tranquilizador, que sem dúvida se deve a sua frequente ocorrência em escritos lógicos e matemáticos. Cabe, pois, fazer uma digressão para avaliar brevemente o papel da definição no trabalho formal.

Em sistemas lógicos e matemáticos, dois tipos mutuamente antagônicos de economia expressiva podem estar competindo, e cada um tem sua utilidade prática. Por um lado, podemos buscar economia na expressão prática – facilidade e brevidade na enunciação de relações múltiplas. Esse tipo de economia normalmente pede notações concisas e características para uma abundância de conceitos. Por outro lado, no entanto, e de maneira oposta, podemos buscar economia na gramática e no vocabulário; podemos tentar encontrar um mínimo de conceitos básicos tais que, assim que uma notação característica tiver sido formulada para cada um deles, torna-se possível expressar qualquer conceito adicional desejado pela mera combinação e repetição de nossas notações básicas. Esse segundo tipo de economia é impraticável em um sentido, uma vez que uma pobreza nos idiomas básicos tende a um aumento necessário do discurso.

Mas ele é prático em outro sentido, ao simplificar enormemente o discurso teórico *sobre* a linguagem, ao minimizar os termos e as formas de construção em que a linguagem consiste.

Ambos os tipos de economia, apesar de *prima facie* incompatíveis, são valiosos cada um ao seu modo. Consequentemente, surgiu o costume de combinar os dois tipos de economia, forjando na verdade duas linguagens, sendo uma parte da outra. A linguagem inclusiva, embora redundante na gramática e no vocabulário, é econômica no comprimento da mensagem, enquanto a parte chamada de notação primitiva é econômica na gramática e no vocabulário. Todo e parte estão relacionados pelas regras de tradução por meio das quais cada idioma, que não está na notação primitiva, é identificado com algum complexo construído na notação primitiva. As regras de tradução são as chamadas *definições* que aparecem nos sistemas formalizados. Elas são vistas mais apropriadamente não como suplementos a uma linguagem, mas como correlações entre duas linguagens, uma sendo parte da outra.

Mas essas correlações não são arbitrárias. Supõe-se que elas mostrem como as notações primitivas podem cumprir todos os propósitos da linguagem redundante, salvo brevidade e conveniência. Desse modo, deve-se esperar que o *definiendum* e seu *definiens* sejam, em cada caso, relacionados segundo uma ou outra forma indicada anteriormente. O *definiens* pode ser uma paráfrase fiel do *definiendum* na notação mais restrita, preservando uma sinonímia direta[5] com o uso anterior; ou o *definiens* pode, segundo o espírito

---

[5] Segundo um importante sentido alternativo de "definição", a relação preservada pode ser a relação mais fraca de mera concordância na referência; ver adiante, p.186. Mas a definição nesse sentido deve ser ignorada no presente contexto, pois é irrelevante para a questão da sinonímia.

da explicação, aperfeiçoar o uso anterior do *definiendum*; ou, finalmente, o *definiendum* pode ser uma notação recentemente criada, provida de significado aqui e agora.

No trabalho formal e no informal, vemos que a definição – exceto no caso extremo da introdução explicitamente convencional de novas notações – depende de relações de sinonímia anteriores. Reconhecendo, então, que a noção de definição não é a chave para a sinonímia e para a analiticidade, examinemos melhor a sinonímia e deixemos a definição.

3. Intersubstitutibilidade

Uma sugestão natural, que merece um exame mais atento, é que a sinonímia de duas formas linguísticas consiste simplesmente em sua intersubstitutibilidade em todos os contextos sem alteração do valor de verdade – intersubstitutibilidade, conforme a expressão de Leibniz, *salva veritate*.[6] Note que sinônimos assim concebidos não precisam nem mesmo ser desprovidos de vagueza, desde que as vaguezas se equivalham.

Mas não é completamente verdadeiro o fato de que os sinônimos "solteiro" e "homem não casado" sejam intersubstitutíveis em todas as ocasiões *salva veritate*. É fácil formular verdades que se tornam falsas pela substituição de "homem não casado" por "solteiro" com a ajuda de "cabo solteiro";[7] mas também com a ajuda de aspas, do seguinte modo:

---

[6] Cf. Lewis (1918, p.373).
[7] As expressões que Quine utiliza neste contexto são "bachelor", "bachelor of arts" e "*bachelor's buttons*". Utilizou-se "cabo solteiro" para traduzir o exemplo, pois, conforme registra o *Dicionário Houaiss da Língua Portuguesa*, no vocabulário da Marinha "cabo solteiro" é aquele "que não

"Solteiro" tem menos de dez letras.

No entanto, esses contraexemplos talvez possam ser postos de lado, ao se tratar a expressão "cabo solteiro" e a citação "'solteiro'" como uma única e indivisível palavra, e estipulando, então, que a intersubstitutibilidade *salva veritate*, que é a pedra de toque da sinonímia, não deve se aplicar às ocorrências fragmentárias dentro de uma palavra. Essa compreensão da sinonímia, supondo-a aceitável por outros motivos, tem, na verdade, a desvantagem de recorrer a uma concepção anterior de "palavra", que, por sua vez, apresentará dificuldades de formulação. Não obstante, tendo reduzido o problema da sinonímia ao problema da natureza da palavra, é possível constatar algum progresso. Sigamos um pouco esta linha, sem problematizar "palavra".

Resta a questão de saber se a intersubstitutibilidade *salva veritate* (exceto as ocorrências dentro de palavras) é uma condição forte o suficiente para a sinonímia ou se, ao contrário, algumas expressões heterônimas podem ser intersubstitutíveis desse modo. Mas esclareçamos que não estamos interessados aqui na sinonímia no sentido de uma identidade completa nas associações psicológicas ou qualidades poéticas; na verdade, duas expressões não são de forma alguma sinônimas nesse sentido. Estamos interessados apenas no que se pode chamar de sinonímia *cognitiva*. Não se pode dizer o que ela é exatamente sem completar com êxito o presente estudo; mas sabemos algo a seu respeito a partir do problema que dela surgiu, juntamente com a analiticidade no §1. O tipo de analiticidade de que se precisava era apenas o que concernia

---

está sendo usado, mas está disponível para sê-lo", cujo sentido contrasta com o sentido de "solteiro" como "homem não casado" e não permite, portanto, a substituição *salva veritate*. (N. T.)

à transformação de um enunciado analítico em uma verdade lógica, equiparando sinônimos. Virando de ponta-cabeça e admitindo a analiticidade, na verdade podíamos explicar a sinonímia cognitiva de certos termos do seguinte modo (mantendo o exemplo já conhecido): dizer que "solteiro" e "homem não casado" são sinônimos cognitivos é dizer nem mais nem menos que o enunciado a seguir é analítico:[8]

(3) Todos e somente os solteiros são homens não casados.

O que precisamos é de uma explicação da sinonímia cognitiva que não pressuponha a analiticidade – se devemos explicar a analiticidade, inversamente, com a ajuda da sinonímia cognitiva, tal como levado a cabo no §1. E, na verdade, essa explicação independente da sinonímia cognitiva é que está sendo considerada agora, isto é, a intersubstitutibilidade *salva veritate* em qualquer ocasião, exceto dentro de palavras. A questão que se coloca diante de nós, retomando finalmente o fio da meada, é se tal intersubstitutibilidade é uma condição suficiente para a sinonímia cognitiva. Podemos rapidamente nos certificar de que sim, e isso por meio de exemplos do seguinte tipo. O enunciado

(4) Necessariamente todos e somente os solteiros são solteiros.

---

[8] Essa é a sinonímia cognitiva em um sentido primário e amplo. Carnap (1947, p.56 et seq.) e Lewis (1946, p.83 et seq.) indicaram como, dada essa noção, um sentido mais restrito de sinonímia cognitiva, que é preferível para certos propósitos, pode ser derivado. Mas essa ramificação especial da construção de conceitos está fora dos presentes propósitos e não deve ser confundida com o tipo mais amplo de sinonímia cognitiva que está em questão aqui.

é evidentemente verdadeiro, mesmo supondo que "necessariamente" seja concebido de modo tão restrito a ponto de ser aplicável apenas a enunciados analíticos. Então, se "solteiro" e "homem não casado" são intersubstituíveis *salva veritate*, o resultado

(5) Necessariamente todos e somente os solteiros são homens não casados.

de colocar "homem não casado" no lugar de uma ocorrência de "solteiro" em (4) deve, como (4), ser verdadeiro. Mas dizer que (5) é verdadeiro é dizer que (3) é um enunciado analítico e, portanto, que "solteiro" e "homem não casado" são cognitivamente sinônimos.

Vejamos o que há no argumento anterior que lhe dá um ar de passe de mágica. A condição da intersubstitutibilidade *salva veritate* varia em força com as variações na riqueza da linguagem dada. O argumento anterior supõe que estamos trabalhando com uma linguagem rica o suficiente para conter o advérbio "necessariamente", sendo esse advérbio concebido de tal forma que produz uma verdade quando, e somente quando, aplicado a um enunciado analítico. Mas podemos admitir uma linguagem que contenha esse advérbio? O advérbio realmente faz sentido? Supor que sim é supor que já demos um sentido satisfatório para "analítico". Então, o que nos dá tanto trabalho neste momento?

Nosso argumento não é completamente circular, mas algo parecido. Figurativamente falando, ele tem a forma de uma curva fechada no espaço.

A intersubstitutibilidade *salva veritate* não tem sentido até que seja relativizada em uma linguagem cuja extensão esteja especificada em aspectos relevantes. Vamos supor agora que estamos considerando uma linguagem contendo apenas o seguinte material. Há um estoque indefinidamente grande de predicados monádicos (por exemplo, "*F*", em que "*Fx*" significa que *x* é um homem) e predicados poliádicos (por exemplo, "*G*", em que "*Gxy*" significa que *x* ama *y*). O resto da linguagem é lógico. As sentenças atômicas consistem cada uma em um predicado seguido de uma ou mais variáveis "*x*", "*y*" etc.; e as sentenças complexas são construídas a partir das sentenças atômicas por meio de funções de verdade ("não", "e", "ou" etc.) e da quantificação.[9] Com efeito, essa linguagem também goza dos benefícios das descrições e, inclusive, dos termos singulares em geral, sendo estes definidos contextualmente segundo as formas conhecidas.[10] Mesmo termos singulares abstratos que nomeiam classes, classes de classes etc., são definíveis contextualmente no caso de o suposto estoque de predicados incluir o predicado diádico de pertencimento à classe.[11] Essa linguagem pode ser adequada à Matemática clássica, e inclusive ao discurso científico em geral, exceto na medida em que o último envolver expedientes discutíveis, como condicionais contrafactuais ou advérbios modais como "necessariamente".[12] Uma linguagem desse tipo é extensional no seguinte sentido: quaisquer dois predicados que coincidam extensionalmente (isto é, são verdadeiros para os mesmos objetos) são intersubstitutíveis *salva veritate*.[13]

Em uma linguagem extensional, portanto, intersubstitutibilidade *salva veritate* não é garantia de sinonímia

---

[9] As p.118 et seq., a seguir, contêm uma descrição exata de uma tal linguagem, exceto pelo fato de haver apenas um predicado: o predicado diádico "∈".
[10] Ver anteriormente, p.16-20; e adiante, p.127 et seq., 166 et seq.
[11] Ver adiante, p.126.
[12] Sobre tais expedientes, ver também o Ensaio VIII.
[13] Esse é o assunto de Quine (1940, *121).

cognitiva do tipo desejado. Que "solteiro" e "homem não casado" sejam intersubstitutíveis em uma linguagem extensional nos garante apenas que (3) é verdadeiro. Não há garantia aqui de que a concordância extensional de "solteiro" e "homem não casado" se baseie no significado em vez de se basear meramente em questões de fato acidentais, como acontece com a concordância extensional entre "criatura com coração" e "criatura com rins".

Para a maior parte dos propósitos, a concordância extensional é a maior aproximação em relação à sinonímia com que precisamos nos preocupar. Mas resta o fato de que a concordância extensional está distante do tipo de sinonímia requerida para explicar a analiticidade à maneira do §1. O tipo de sinonímia cognitiva requerido ali é tal que deve fazer a sinonímia entre "solteiro" e "homem não casado" equivaler à analiticidade de (3), e não apenas à verdade de (3).

Assim, devemos reconhecer que a intersubstitutibilidade *salva veritate*, se concebida em relação a uma linguagem extensional, não é uma condição suficiente da sinonímia cognitiva no sentido de que se necessita para derivar a analiticidade à maneira do §1. Se uma linguagem contém um advérbio extensional, "necessariamente", no sentido indicado antes, ou outras partículas com a mesma finalidade, a intersubstitutibilidade *salva veritate* nessa linguagem proporciona uma condição suficiente para a sinonímia cognitiva; mas tal linguagem é inteligível apenas na medida em que a noção de analiticidade já foi compreendida antecipadamente.

A tentativa de explicar a sinonímia cognitiva primeiro para depois poder derivar a analiticidade, como no §1, talvez seja a abordagem errada. Em vez disso, devemos tentar explicar a analiticidade de alguma forma sem recorrer à sinonímia cognitiva. Depois, se assim desejássemos, poderíamos sem dúvida derivar a sinonímia cognitiva da analiticidade de modo suficientemente satisfatório. Vimos que a sinonímia cognitiva entre "solteiro" e "homem não casado" pode ser explicada como a analiticidade de (3). A mesma explicação funciona, é claro, para todos os pares de predicados monádicos e pode ser estendida de maneira óbvia para predicados poliádicos. Outras categorias sintáticas também podem ser acomodadas de maneira perfeitamente paralela. Termos singulares podem ser considerados cognitivamente sinônimos quando o enunciado de identidade formada pela colocação de "=" entre eles é analítico. Enunciados podem ser simplesmente considerados cognitivamente sinônimos quando sua bicondicional (o resultado de sua junção por "se e somente se") é analítica.[14] Se nos preocuparmos em juntar todas as categorias em uma única formulação, ao custo de assumir novamente a noção de "palavra", a que se havia recorrido anteriormente nesta seção, podemos descrever quaisquer duas formas linguísticas como cognitivamente sinônimas quando as duas formas forem inter-substituíveis (exceto as ocorrências dentro de "palavras") *salva analyticitate* (não mais *veritate*). Com efeito, surgem algumas questões técnicas sobre casos de ambiguidade ou homonímia; não nos detenhamos nelas, porém, pois já estamos fazendo uma digressão. Deixemos então de lado o problema da sinonímia e retomemos o problema da analiticidade.

4. *Regras semânticas*

A analiticidade pareceu, em princípio, ser mais naturalmente definível recorrendo a um reino de significados.

---

[14] O próprio "se e somente se" é entendido no sentido verifuncional. Ver Carnap (1947, p.14).

Fazendo um refinamento, o recurso aos significados deu lugar a um recurso à sinonímia ou à definição. Mas a definição se revelou um fogo-fátuo, e a sinonímia pôde ser mais bem compreendida apenas por força de um recurso anterior à própria analiticidade. Voltamos, então, ao problema da analiticidade.

Não sei se o enunciado "Tudo o que é verde é extenso" é analítico. Mas minha indecisão acerca deste exemplo realmente evidencia uma compreensão incompleta, uma apreensão incompleta dos "significados" de "verde" e "extenso"? Não acredito. O problema não está em "verde" e "extenso", mas em "analítico".

Sugere-se frequentemente que a dificuldade em separar enunciados analíticos de enunciados sintéticos na linguagem comum é devida à imprecisão da linguagem comum, e que a distinção é clara quando temos uma linguagem artificial precisa com "regras semânticas" explícitas. Isso, no entanto, como tentarei mostrar agora, é uma confusão.

A noção de analiticidade com a qual nos preocupamos é uma suposta relação entre enunciados e linguagens: um enunciado E é chamado de *analítico* para uma linguagem L, e o problema é dar sentido para essa relação em geral, isto é, para as variáveis "E" e "L". A gravidade desse problema não é menos perceptível para linguagens artificiais do que para linguagens naturais. O problema de dar sentido à expressão peculiar "E é analítico para L", com as variáveis "E" e "L", persiste mesmo que limitemos o âmbito da variável "L" a linguagens artificiais. Vou tentar tornar esse ponto evidente.

No que concerne a linguagens artificiais e regras semânticas, dirigimo-nos naturalmente aos escritos de Carnap. Suas regras semânticas assumem diferentes formas e, tendo em vista meu propósito, devo distinguir algumas dessas formas. Suponhamos, para começar, uma linguagem artificial L_0, cujas regras semânticas tenham explicitamente a forma de uma especificação, recursiva ou de outro tipo, de todos os enunciados analíticos de L_0. As regras nos dizem que tais e tais enunciados, e apenas esses, são os enunciados analíticos de L_0. Ora, a dificuldade aqui é simplesmente que as regras contêm a palavra "analítico", que nós não compreendemos! Nós compreendemos a quais expressões as regras atribuem analiticidade, mas não compreendemos o que as regras atribuem a essas expressões. Em suma, antes de podermos compreender uma regra que começa com "Um enunciado E é analítico para a linguagem L_0 se, e somente se...", temos de compreender o termo geral e relativo "analítico para"; temos de compreender "E é analítico para L", em que "E" e "L" são variáveis.

Inversamente, podemos, de fato, ver a chamada regra como uma definição convencional de um novo símbolo: "analítico para L_0", que pode ser escrito de maneira não tendenciosa como "K", para que não pareça lançar luz sobre a palavra que interessa: "analítico". Obviamente, qualquer número de classes K, M, N etc., de enunciados de L_0 pode ser especificado, tendo em vista diferentes propósitos, ou nenhum propósito; o que significa dizer que K, ao contrário de M, N etc., é a classe de enunciados analíticos de L_0?

Ao dizer quais enunciados são analíticos para L_0, explicamos "analítico para L_0". Não começamos a explicar a expressão peculiar "E é analítico para L" com as variáveis "E" e "L", mesmo que nos contentemos em limitar o âmbito de "L" ao domínio das linguagens artificiais.

Na realidade, sabemos o suficiente sobre a suposta significância de "analítico" para entender que enunciados analíticos têm de ser verdadeiros. Voltemo-nos, então, para uma segunda forma de regra semântica que não diz que tais e tais enunciados são analíticos, mas simplesmente que tais e tais enunciados estão incluídos entre as verdades. Essa regra não está sujeita à crítica de conter a palavra "analítico" que não fora compreendida; e nós podemos admitir, para fins de argumentação, que não há nenhuma dificuldade a respeito do termo mais amplo "verdade". Uma regra semântica desse segundo tipo, uma regra de verdade, não tem de especificar todas as verdades da linguagem; ela apenas estipula, recursivamente ou de outro modo, certa quantidade de enunciados que, com outros não especificados, devem ser considerados verdadeiros. É possível dizer que essa regra é bastante clara. Posteriormente, e de maneira derivada, a analiticidade pode ser delimitada da seguinte forma: um enunciado é analítico se é (não apenas verdadeiro, mas) verdadeiro segundo a regra semântica.

Ainda assim, não há, de fato, progresso. Em vez de recorrer a uma palavra não explicada, "analítico", recorremos agora a uma expressão não explicada, "regra semântica". Nem todo enunciado verdadeiro, que diz serem verdadeiros os enunciados de certa classe, pode valer como uma regra semântica; do contrário, todas as verdades seriam analíticas no sentido de serem verdadeiras segundo as regras semânticas. Regras semânticas são discerníveis, aparentemente, apenas pelo fato de aparecerem em uma página sob o título "Regras semânticas"; e esse título é, ele próprio, sem sentido.

Com efeito, podemos dizer que um enunciado é *analítico para* L_0 se, e somente se, é verdadeiro segundo tais e tais "regras semânticas" especificamente anexadas, mas, então, estamos basicamente de volta ao mesmo caso que foi originalmente discutido: "*E* é analítico para a linguagem L_0 se, e somente se...". Uma vez que procuramos explicar "*E* é analítico para a linguagem *L*" de modo geral para a variável "*L*" (mesmo admitindo a limitação de "*L*" a linguagens artificiais), a explicação "verdadeiro segundo as regras semânticas de *L*" é vã, pois o termo relativo "regra semântica de" necessita de clarificação tanto quanto "analítico para".

Pode ser instrutivo comparar a noção de regra semântica com a de postulado. Relativamente a um conjunto dado de postulados, é fácil dizer o que é um postulado: é um membro de um conjunto. Relativamente a um conjunto dado de regras semânticas, é fácil dizer o que é uma regra semântica. Mas, dada simplesmente uma notação, matemática ou de outro tipo, e na verdade uma notação que seja compreendida tão integralmente quanto se queira em relação às traduções e condições de seus enunciados, quem pode dizer quais de seus enunciados verdadeiros ocupam o posto de postulados? Obviamente, a questão não tem sentido – tanto quanto não tem sentido perguntar quais pontos em Ohio são pontos de partida. Qualquer seleção finita (ou infinita, se efetivamente especificável) de enunciados (talvez preferencialmente verdadeiros) é *um* conjunto de postulados tanto quanto qualquer outro. A palavra "postulado" tem sentido apenas relativamente a um ato de investigação; aplicamos a palavra a um conjunto de enunciados apenas na medida em que estamos, em um momento específico, pensando esses enunciados em relação aos enunciados que podem ser alcançados a partir deles por um conjunto de transformações, às quais decidimos dirigir nossa atenção. Ora, a noção de regra semântica é tão razoável e significativa quanto a de postulado, se for concebida em um espírito relativamente similar e, nesse caso, relativo a uma ou outra iniciativa particular de instruir pessoas leigas nas condições suficientes para a verdade dos enunciados de uma linguagem *L*, natural ou artificial. Mas, desse ponto de vista, nenhuma designação de uma subclasse de verdades de *L* consiste mais intrinsecamente em uma regra semântica que em outra; e, se "analítico" significa "verdadeiro por regras semânticas", nenhuma verdade de L é analítica por oposição a outra.[15]

Pode-se objetar que uma linguagem artificial L (diferentemente de uma linguagem natural) é uma linguagem no sentido usual *mais* um conjunto de regras semânticas explícitas – o todo constituído, digamos, um par ordenado; e que as regras semânticas de L são, portanto, especificáveis simplesmente como o segundo componente do par L. Mas, pela mesma razão e de modo mais simples, podemos interpretar uma linguagem artificial L diretamente como um par ordenado, em que o segundo componente é a classe de seus enunciados analíticos e, então, os enunciados analíticos de L se tornam especificáveis simplesmente como os enunciados no segundo componente de L. Ou, melhor ainda, podemos parar de tentar nos levantar pelos próprios cabelos.

Nem todas as explicações da analiticidade conhecidas por Carnap e seus leitores foram cobertas explicitamente nas considerações anteriores, mas sua extensão para outras formas não é difícil de enxergar. Apenas um fator adicional, que às vezes intervém, deve ser mencionado: algumas vezes, as regras semânticas são, na verdade, regras de tradução para a linguagem comum, caso em que os enunciados analíticos da linguagem artificial são, na verdade, reconhecidos como tais pela analiticidade de suas traduções específicas na linguagem comum. Aqui, certamente, não se pode pensar em aclarar o problema da analiticidade pela linguagem artificial.

Do ponto de vista do problema da analiticidade, a noção de uma linguagem artificial com regras semânticas é um *feu follet par excellence*. Regras semânticas que determinam

---

[15] O parágrafo precedente não aparecia na edição original do presente ensaio. Ele foi solicitado por Martin, assim como o final do Ensaio VII.

os enunciados analíticos de uma linguagem artificial têm interesse apenas na medida em que já compreendemos a noção de analiticidade; elas não nos ajudam a obter essa compreensão.

O apelo a linguagens hipotéticas de um tipo artificialmente simples poderia ser concebido como útil para clarificar a analiticidade se os fatores mentais, comportamentais ou culturais relevantes para a analiticidade – quaisquer que sejam eles – fossem, de alguma forma, esboçados no modelo simplificado. Mas um modelo que toma a analiticidade apenas como uma característica irredutível provavelmente não lança luz sobre o problema de explicar a analiticidade.

É óbvio que a verdade em geral depende tanto da linguagem como de fatos extralinguísticos. O enunciado "Brutus matou César" seria falso se o mundo tivesse sido diferente sob certos aspectos, mas também seria falso se "matou" tivesse o sentido de "gerou". Assim, é-se tentado a supor, em geral, que a verdade de um enunciado é de alguma forma decomponível em um componente linguístico e um componente factual. Dada essa suposição, parece em seguida razoável que, em alguns enunciados, o componente factual deva ser nulo; e estes são os enunciados analíticos. Mas, apesar de razoável *a priori*, simplesmente não foi traçada uma fronteira entre enunciados analíticos e sintéticos. Que tal distinção deva ser feita é um dogma não empírico dos empiristas, um artigo metafísico de fé.

5. *A teoria verificacionista e o reducionismo*

No curso destas reflexões sombrias, chegamos primeiro a uma visão obscura da noção de significado; depois, da noção de sinonímia cognitiva; e, finalmente, da noção de analiticidade. Mas pode-se perguntar: e quanto à teoria verificacionista do significado? Essa expressão se estabeleceu tão firmemente como lema do empirismo que, na verdade, seríamos muito pouco científicos se não investigássemos por trás dela em busca de uma chave para o problema do significado e questões correlatas.

A teoria verificacionista do significado, que se tornou conhecida na literatura a partir de Peirce, afirma que o significado de enunciado é o método de confirmá-lo ou invalidá-lo empiricamente. Um enunciado analítico é aquele caso-limite confirmado em qualquer circunstância.

Como foi frisado no §1, podemos passar por cima da questão dos significados como entidades e irmos diretamente para a identidade de significado ou sinonímia. Então, o que a teoria verificacionista do significado diz é que enunciados analíticos são sinônimos se, e somente se, são semelhantes no que concerne ao método de confirmação ou invalidação empírica.

Essa é uma abordagem da sinonímia, não de formas linguísticas em geral, mas de enunciados.[16] No entanto, poderíamos derivar do conceito de sinonímia de enunciados o conceito de sinonímia para outras formas linguísticas, pela consideração mais ou menos similar àquelas no final do §3. Com efeito, assumindo a noção de "palavra", poderíamos explicar quaisquer duas formas como sinônimas quando

---

[16] A doutrina pode ser formulada, na verdade, tendo como unidades termos em vez de enunciados. Assim, Lewis descreve o significado de um termo como um "critério em mente, em relação ao qual alguém é capaz de aplicar ou se recusar a aplicar a expressão em questão no caso de coisas ou situações presentes ou imaginadas" (1946, p.133). Para uma exposição instrutiva das vicissitudes da teoria verificacionista do significado, centrada, porém, mais na questão da significatividade do que da sinônima ou da analiticidade, ver Hempel.

a substituição de uma forma pela ocorrência de outra em qualquer enunciado (exceto as ocorrências dentro de "palavras") resulta em um enunciado sinônimo. Finalmente, dado o conceito de sinonímia para formas linguísticas em geral, poderíamos definir a analiticidade em termos de sinonímia e verdade lógica, como no §1. Neste ponto, poderíamos definir a analiticidade de maneira mais simples em termos de mera sinonímia de enunciados com verdade lógica; não é necessário recorrer à sinonímia de formas linguísticas que não sejam os enunciados, pois um enunciado pode ser descrito como analítico simplesmente quando é sinônimo de um enunciado logicamente verdadeiro.

Desse modo, se a teoria verificacionista pode ser aceita como uma explicação adequada da sinonímia dos enunciados, a noção de analiticidade está, no final das contas, salva. No entanto, reflitamos. A sinonímia dos enunciados é considerada idêntica quanto ao método de confirmação ou invalidação empírica. Mas quais são esses métodos que devem ser comparados para o estabelecimento da identidade? Qual é, em outras palavras, a natureza da relação entre um enunciado e as experiências que contribuem para sua confirmação ou a prejudicam?

A concepção mais ingênua da relação é que esta é uma constatação direta. Esse é um *reducionismo radical*. Todo enunciado significativo é considerado traduzível em um enunciado (verdadeiro ou falso) sobre a experiência imediata. O reducionismo radical, de uma forma ou outra, antecede a teoria explicitamente chamada de teoria verificacionista do significado. Assim, Locke e Hume sustentaram que toda ideia deve ou bem se originar da experiência sensível ou bem ser composta de ideias que assim se originaram; e, retomando uma sugestão de Tooke, podemos reformular essa doutrina no jargão semântico, dizendo que um termo, para ter significado de algum modo, deve ou bem ser um nome de um dado dos sentidos ou bem ser composto de tais nomes como uma abreviação de tal composto. Assim formulada, a doutrina permanece ambígua no que concerne à consideração dos dados dos sentidos como eventos e à consideração dos dados dos sentidos como qualidades sensoriais, e permanece vaga quanto às formas admissíveis de composição. Além disso, e sem ainda exceder os limites do que chamei de reducionismo radical, podemos tomar enunciados completos como nossas unidades significantes – exigindo, desse modo, que nossos enunciados, tomados como totalidades, sejam traduzíveis em uma linguagem dos dados dos sentidos, mas não que sejam traduzíveis termo por termo.

Essa emenda teria sido, sem dúvida nenhuma, bem recebida por Locke, Hume e Tooke, mas historicamente teve de aguardar uma importante reorientação na semântica – a reorientação por meio da qual se deixou de ver o termo como o veículo primário do significado e se passou a vê-lo como o enunciado. Essa reorientação, observada em Bentham e Frege, sustenta o conceito de Russell de símbolos incompletos definidos no uso;[17] ela também está implícita da teoria verificacionista do significado, uma vez que os objetos de verificação são enunciados.

O reducionismo radical, concebido agora com enunciados como unidades, coloca-se a tarefa de especificar uma linguagem dos dados dos sentidos e mostrar como traduzir o resto do discurso significativo. Carnap envolveu-se nesse projeto no *Aufbau*.[18] A linguagem que Carnap adotou como ponto de partida foi uma linguagem dos dados dos sentidos

---

[17] Ver anteriormente, p.18.
[18] Quine refere-se ao conhecido livro de Carnap, intitulado *Der logische Aufbau der Welt* [*A construção lógica do mundo*]. (N. T.)

no sentido mais restrito que se pode conceber, pois incluía também as notações da lógica, inclusive a teoria superior dos conjuntos. Com efeito, incluía toda a linguagem da Matemática pura. A ontologia implícita nela (isto é, o domínio dos valores de suas variáveis) abarcava não só eventos sensoriais, mas também classes, classes de classes, e assim por diante. Existem empiristas que se assustam com essa prodigalidade. O ponto de partida de Carnap, no entanto, é bastante parcimonioso em sua parte extralógica ou sensorial. Em uma série de construções em que ele explora os recursos da lógica moderna com muita engenhosidade, Carnap consegue definir uma vasta gama de importantes conceitos sensoriais complementares, que, não fossem suas construções, não se poderia sonhar que fossem definíveis em uma base tão escassa. Ele foi o primeiro empirista que, não estando satisfeito em afirmar a redutibilidade da ciência aos termos da experiência imediata, deu passos importantes para levar a cabo a redução.

Se o ponto de partida de Carnap é satisfatório, suas construções ainda eram, como ele mesmo notou, apenas um fragmento do programa completo. A construção, mesmo dos mais simples enunciados sobre o mundo físico, foi deixada em estado de esboço. As propostas de Carnap sobre esse assunto eram, apesar de seu caráter de esboço, muito sugestivas. Ele explicou os pontos-instantes espaço-temporais como quádruplos de números reais, e tinha em vista a atribuição de qualidades sensíveis a pontos-instantes segundo certos cânones. Resumindo grosseiramente, o plano consistia em quais qualidades deveriam ser atribuídas a pontos-instantes de tal forma que se chegasse ao mais ocioso dos mundos compatível com a nossa experiência. O princípio da menor ação deveria ser nosso guia na construção de um mundo baseado na experiência.

Carnap não percebeu, no entanto, que seu tratamento dos objetos físicos era insuficiente não só por seu caráter de esboço, mas também por princípio. Segundo seus cânones, a distribuição de valores de verdade a enunciados da forma "A qualidade q é um ponto-instante x; y; z; t" deveria ser feita de modo a maximizar certos traços globais e, com o desenvolvimento da experiência, os valores de verdade deveriam ser progressivamente revisados no mesmo espírito. Acredito que essa seja uma boa esquematização (sem dúvida, deliberadamente muito simplificada) do que a ciência realmente faz; mas ela não dá nenhuma indicação, nem mesmo a mais resumida, de como um enunciado da forma "A qualidade q é um ponto-instante x; y; z; t" poderia ser traduzido na linguagem inicial de Carnap dos dados dos sentidos e da lógica. O conectivo "está em" permanece um conectivo adicional não definido; os cânones nos auxiliam em seu uso, mas não em sua eliminação.

Carnap parece ter percebido esse problema mais tarde, pois, em seus trabalhos posteriores, ele abandonou toda noção de traduzibilidade de enunciados sobre o mundo físico em enunciados sobre a experiência imediata. O reducionismo em sua forma radical deixou, desde então, de figurar na filosofia de Carnap.

Mas o dogma do reducionismo tem, de forma mais sutil e atenuada, continuado a influenciar o pensamento do empirista. Persiste a noção de que, para cada enunciado ou para cada enunciado analítico, existe associado a ele um domínio único de eventos sensoriais possíveis tais que a ocorrência de qualquer um deles aumenta a probabilidade da verdade do enunciado, e existe associado a ele outro domínio único de eventos sensoriais possíveis cuja ocorrência diminuiria essa probabilidade. Essa noção está evidentemente implícita na teoria verificacionista do significado.

O dogma do reducionismo sobrevive na suposição de que cada enunciado, tomado isoladamente de seus pares, pode, de qualquer forma, admitir confirmação ou invalidação. Minha contraproposta, tirada essencialmente da doutrina do mundo físico de Carnap no *Aufbau*, é que nossos enunciados sobre o mundo exterior enfrentam o tribunal da experiência sensível não individualmente, mas apenas como um corpo organizado.[19]

O dogma do reducionismo, mesmo em sua forma atenuada, está intimamente ligado a outro dogma: o de que há uma separação entre o analítico e o sintético. Com efeito, fomos levados deste problema ao primeiro por meio da teoria verificacionista do significado. De modo mais direto, um dogma claramente apoia o outro da seguinte forma: enquanto se considerar que em geral há sentido em falar de confirmação e invalidação de um enunciado, parece ter sentido falar também de um tipo-limite de enunciado que é confirmado vacuamente *ipso facto*, aconteça o que acontecer, e tal enunciado é analítico.

Os dois dogmas, na verdade, têm raízes idênticas. Observamos há pouco que, em geral, a verdade de enunciados depende obviamente tanto da linguagem como de fatos extralinguísticos, e notamos que essa particularidade óbvia implica, não logicamente, mas de modo completamente natural, o sentimento de que a verdade de um enunciado é de alguma forma decomponível em um componente linguístico e um componente factual. O componente factual deve, se formos empiristas, reduzir-se a um domínio de experiências confirmatórias. No caso extremo em que o componente linguístico

---

[19] Essa doutrina é discutida com propriedade por Duhem (1906), p.303-28. Ver também Lowinger (1941), p.132-40.

é tudo o que importa, um enunciado verdadeiro é analítico. Mas espero que estejamos agora impressionados com o quão obstinadamente a distinção entre analítico e sintético resistiu a qualquer demarcação direta. Estou impressionado também, exceto por exemplos pré-fabricados de bolas pretas e brancas em uma urna, com o quão desnorteante sempre foi chegar a qualquer teoria explícita da confirmação empírica de um enunciado sintético. Minha proposta atual é que é um contrassenso, e a base de muitos outros contrassensos, falar de um componente linguístico e de um componente factual na verdade de qualquer enunciado individual. Tomada coletivamente, a ciência tem sua dupla dependência da linguagem e da experiência, mas essa dualidade não é significativamente delineável nos enunciados da ciência tomados um a um.

A ideia de definir um símbolo pelo uso foi, como observamos, um avanço em relação ao impossível empirismo termo por termo de Locke e Hume. Com Bentham, o enunciado, em vez do termo, foi reconhecido como a unidade relevante para a crítica empirista. Mas o que estou frisando agora é que, mesmo tomando o enunciado como unidade, escolhemos uma rede muito fina. A unidade da significância empírica é o todo da ciência.

6. *Empirismo sem dogmas*

A totalidade de nossos assim chamados conhecimento e crenças das mais casuais questões de Geografia e História até as mais profundas leis da Física atômica ou mesmo da Matemática pura e da Lógica, é um tecido feito pelo homem, que encontra a experiência apenas nas extremidades. Ou, mudando a imagem, a totalidade da ciência é como um campo de força, cujas condições limítrofes são a experiência.

Um conflito com a experiência na periferia ocasiona reajustes no interior do campo. Os valores de verdade têm de ser redistribuídos em alguns de nossos enunciados. A reavaliação de alguns enunciados acarreta a reavaliação de outros, em função de suas interconexões lógicas, sendo as leis da lógica, por sua vez, simplesmente certos enunciados adicionais do sistema, certos elementos adicionais do campo. Tendo reavaliado um enunciado, devemos reavaliar alguns outros, que podem ser enunciados conectados logicamente com os primeiros ou podem ser enunciados sobre as próprias conexões lógicas. Mas o campo total é tão subdeterminado por suas condições limítrofes – a experiência –, que há grande margem de escolha a respeito de quais enunciados devem ser reavaliados à luz de qualquer experiência individual contrária. Nenhuma experiência particular está vinculada a algum enunciado no interior do campo, exceto indiretamente por meio de considerações de equilíbrio que afetam o campo como um todo.

Se essa visão é correta, é equivocado falar do conteúdo empírico de um enunciado – em particular quando se trata de um enunciado inteiramente distante da periferia experimental do campo. Além disso, é tolice procurar uma fronteira entre enunciados sintéticos, que se baseiam de maneira contingente na natureza, e enunciados analíticos, que são válidos aconteça o que acontecer. Qualquer enunciado pode ser considerado verdadeiro, aconteça o que acontecer, se fizermos ajustes drásticos o suficiente em outra parte do sistema. Mesmo um enunciado muito próximo da periferia pode ser considerado verdadeiro diante de uma experiência recalcitrante, alegando-se alucinação ou modificando-se certos enunciados que chamamos de leis lógicas. Inversamente, pela mesma razão, nenhum enunciado está imune à revisão. Até mesmo a revisão da lei lógica do terceiro excluído foi proposta como meio para simplificar a Mecânica Quântica; e que diferença há, em princípio, entre essa alteração e a alteração pela qual Kepler substituiu Ptolomeu, Einstein substituiu Newton, ou Darwin substituiu Aristóteles?

Para dar vivacidade, tenho falado em termos de variação das distâncias com relação a uma periferia sensorial. Agora vou tentar clarificar essa noção sem usar metáforas. Certos enunciados, embora sejam *sobre* objetos físicos e não sobre a experiência sensível, parecem particularmente ligados à experiência sensível, e de maneira seletiva: alguns enunciados com algumas experiências, outros com outras. Esses enunciados, especialmente ligados a experiências particulares, concebo como próximos da periferia. Mas, com essa relação de "ligação", não tenho em vista nada além de uma associação fraca, que reflete a relativa probabilidade, na prática, de nossa escolha de um enunciado em vez de outro para revisão, no caso da experiência recalcitrante. Por exemplo, podemos imaginar experiências recalcitrantes às quais estaríamos inclinados a acomodar nosso sistema, reavaliando apenas o enunciado de que há casas de pau a pique na Avenida Paulista, com enunciados relacionados ao mesmo assunto. Podemos imaginar outras experiências recalcitrantes às quais estaríamos inclinados a acomodar nosso sistema, reavaliando apenas o enunciado de que não há centauros, com enunciados assemelhados. Uma experiência recalcitrante pode, como frisei, ser acomodada por qualquer uma dentre diferentes reavaliações em diferentes setores do sistema total; mas, nos casos que estamos imaginando, nossa tendência natural a perturbar o sistema o menos possível nos levaria a direcionar nossas revisões nesses enunciados específicos sobre casas de tijolos e centauros. Tem-se a sensação, portanto, de que esses enunciados possuem uma referência empírica mais nítida do que os enunciados altamente teóricos da Física, da Lógica ou da Ontologia. Estes últimos podem ser pensados como relativamente centrais no interior da rede total, significando apenas que se interpõe pouca conexão preferencial com qualquer dado sensível.

Como empirista, continuo a pensar o esquema conceitual da ciência, em última instância, como uma ferramenta para prever a experiência futura à luz da experiência passada. Os objetos físicos são inseridos conceitualmente na situação como intermediários convenientes, não pela definição em termos de experiência, mas simplesmente como postulados irredutíveis,[20] comparáveis, epistemologicamente, aos deuses de Homero. De minha parte, como físico leigo, acredito em objetos físicos, e não nos deuses de Homero; e considero um erro científico acreditar no contrário. Mas, quanto ao fundamento epistemológico, os objetos físicos e os deuses diferem apenas em grau, não em espécie. Ambos os tipos de entidades integram nossa concepção apenas como postulados culturais. O mito dos objetos físicos é epistemologicamente superior à maior parte dos mitos na medida em que se mostrou mais eficaz do que outros como dispositivo para fazer operar uma estrutura manipulável no fluxo da experiência.

A postulação não para nos objetos físicos macroscópicos. Objetos no nível atômico são postulados para tornar mais simples e mais manipuláveis as leis dos objetos macroscópicos e, em última instância, as leis da experiência; e não precisamos esperar nem exigir uma definição completa das entidades atômicas ou subatômicas em termos de entidades macroscópicas, nem uma definição das coisas macroscópicas em termos de dados dos sentidos. A ciência é uma continuação do senso comum, e dá continuidade ao procedimento do senso comum de expandir a ontologia para simplificar a teoria.

---

[20] Cf. p.31 et seq.

Os objetos físicos, pequenos e grandes, não são os únicos postulados. As forças são outro exemplo e, de fato, diz-se hoje em dia que a fronteira entre energia e matéria está obsoleta. Além disso, as entidades abstratas, que são a substância da Matemática – em última instância, classes, classes de classes, e assim por diante – são outros postulados com o mesmo espírito. Epistemologicamente, esses mitos têm o mesmo fundamento que os objetos físicos e os deuses, nem melhores nem piores, exceto por diferenças no grau em que facilitam nosso manuseio da experiência sensível.

A álgebra global dos números racionais e irracionais é subdeterminada pela álgebra dos números racionais, mas é mais regular e conveniente, e inclui a álgebra dos números racionais como uma parte entalhada ou dissimulada.[21] A totalidade da ciência Matemática, natural e humana, é subdeterminada de modo similar, mas mais extremo, pela experiência. A extremidade do sistema tem de ser ajustada à experiência; o resto, com todos os seus mitos e ficções elaborados, tem por objetivo a simplicidade das leis.

Questões ontológicas, sob este ponto de vista, estão no mesmo pé que as questões da ciência natural.[22] Considere a questão da possibilidade de admitir as classes como entidades. Como já indiquei,[23] trata-se da questão da possibilidade de quantificar a respeito de variáveis que tomam classes como valores. Ora, Carnap (1950) sustentou que essa não é uma questão de fato, mas de escolha de uma forma linguística conveniente, um esquema ou estrutura conceitual conveniente para a ciência. Concordo com isso, mas apenas com

---

[21] Cf. p.33 anteriormente.
[22] "*L'ontologie fait corps avec la science elle-même et ne peut en être separée.*" Meyerson, p.439.
[23] Anteriormente, p.25 et seq.; adiante, p.145 et seq.

a condição de que se admita o mesmo no que diz respeito a hipóteses científicas em geral. Carnap (1950) reconheceu ser capaz de preservar um duplo critério para questões ontológicas e hipóteses científicas, apenas assumindo uma distinção absoluta entre o analítico e o sintético; não preciso dizer novamente que essa é uma distinção que rejeito.[24]

A questão sobre haver classes parece mais uma questão de um esquema conceitual conveniente; a questão de haver centauros ou casas de pau a pique na Avenida Paulista parece mais uma questão de fato. Mas tenho frisado que essa diferença é apenas de grau e que provém de nossa inclinação vagamente pragmática para ajustar uma fibra do tecido da ciência em vez de outro, ao acomodar alguma experiência recalcitrante particular. O conservadorismo figura nessa escolha, assim como a busca de simplicidade.

Carnap, Lewis e outros tomam uma posição pragmática na questão da escolha entre formas linguísticas e estruturas científicas, mas seu pragmatismo termina na fronteira imaginada entre o analítico e o sintético. Ao repudiar essa fronteira, defendo um pragmatismo mais completo. A cada homem é dada uma herança científica, acrescida de um bombardeio contínuo de estimulação sensorial; e as considerações que o guiam na elaboração de sua herança científica para ajustar suas contínuas incitações sensoriais são, quando racionais, pragmáticas.

---

[24] Para uma expressão efetiva de dúvidas adicionais a respeito dessa distinção, ver White (1950).

III

O PROBLEMA DO SIGNIFICADO NA LINGUÍSTICA

1

A lexicografia se ocupa, ou parece se ocupar, com a identificação de significados; e a investigação da variação linguística se ocupa com a variação do significado. Na falta de uma explicação satisfatória para a noção de significado, os linguistas que trabalham no campo semântico se encontram na situação de não saber do que estão falando. Essa não é uma posição insustentável. Os astrônomos antigos conheciam os movimentos dos planetas notavelmente bem, sem saber o que eles eram. Mas, do ponto de vista teórico, essa é uma situação insatisfatória, como dolorosamente sabem os linguistas com mentalidade mais teórica.

A confusão entre significado e referência[1] estimulou a tendência a tomar a noção de significado como dada. Considera-se que o significado da palavra "homem" é tão tangível quanto nosso vizinho e que o significado da expressão "estrela da tarde" é tão claro quanto a estrela no céu. Considera-se

---

[1] Ver anteriormente, p.18, 38 et seq.

também que questionar ou rejeitar a noção de significado é supor um mundo em que há apenas linguagem e nada a que a linguagem se referir. Na verdade, podemos reconhecer um mundo repleto de objetos e podemos deixar que nossos termos singulares e gerais se refiram a esses objetos de diferentes modos para nossa satisfação íntima, sem nunca levantar a questão do significado.

Um objeto referido, nomeado por um termo singular ou denotado por um termo geral, pode ser qualquer coisa. Significados, no entanto, são supostamente entidades de um tipo especial: o significado de uma expressão é a ideia expressa. Ora, há um acordo considerável entre os linguistas modernos de que a ideia de uma ideia, a ideia de uma contraparte mental de uma forma linguística, é completamente inútil para a linguística como ciência. Acredito que os behavioristas estão certos em sustentar que falar de ideias é um mau negócio até para a Psicologia. O mal da ideia de ideia é que seu uso, assim como o recurso a uma *virtus dormitiva* em Molière, cria uma ilusão de ter explicado algo. E a ilusão aumenta porque se chega a um estado bastante vago para assegurar alguma estabilidade ou liberdade para não ir além.

Voltemo-nos para o lexicógrafo, supondo que ele se ocupe de significados, e vejamos com o que ele está realmente lidando, se não está lidando com entidades mentais. A resposta não está longe: o lexicógrafo, assim como o linguista, estuda formas linguísticas. Ele difere do chamado linguista formal apenas pelo fato de se dedicar a correlacionar formas linguísticas umas com as outras de uma maneira que lhe é peculiar, isto é, sinônimos com sinônimos. O traço característico das partes semânticas da linguística, especificamente a lexicografia, não é que há um apelo a significados, mas uma preocupação com a sinonímia.

O que acontece com essa manobra é que nos fixamos em um contexto importante da desconcertante palavra "significado", isto é, o contexto "*semelhante em* significado", e decidimos tratar esse contexto inteiro como se fosse uma só palavra, "sinônimo", não nos sentindo tentados a buscar significados como entidades intermediárias. Mas, mesmo supondo que se possa eventualmente dar um critério satisfatório à noção de sinonímia, ainda assim essa manobra apenas trata de um contexto da palavra "significado": o contexto "semelhante em significado". Tem essa palavra outros contextos de que os linguistas poderiam se ocupar? Sim, há certamente mais um: o contexto "ter significado". Aqui se coloca uma manobra paralela: tratar o contexto "ter significado" como se fosse uma só palavra e continuar a virar nossas costas às supostas entidades chamadas significados.

A significância é o traço com respeito ao qual o objeto do linguista é estudado pelo gramático. Este cataloga formas curtas e elabora as leis de sua concatenação, e o produto final disso é nada mais nada menos do que a especificação da classe de todas as formas linguísticas possíveis, simples e compostas, da língua sob investigação, a classe de todas as sequências significantes, se aceitarmos um padrão liberal de significância. O lexicógrafo, por outro lado, se ocupa não com a especificação da classe de sequências significantes para uma dada língua, mas, antes, com a especificação das classes de pares de sequências mutuamente sinônimas de uma dada língua ou, talvez, pares de línguas. O gramático e o lexicógrafo se ocupam com o significado no mesmo grau, seja ele zero ou não; o gramático quer saber quais formas são significantes ou têm significado, enquanto o lexicógrafo quer saber quais formas são sinônimas ou semelhantes em significado. Se alguém pedir que a noção de sequências significantes do gramático não seja vista como se assentasse em uma noção prévia de significado, eu aplaudo; e digo que a noção de sinonímia do lexicógrafo merece o mesmo elogio. O que era o problema do significado se reduz agora a um par de problemas em que o significado não precisa ser mencionado: um é o de dar sentido à noção de sequência significante, e o outro é o problema de dar sentido à noção de sinonímia. O que quero enfatizar é que o lexicógrafo não detém nenhum monopólio da noção de significado. O problema da sequência significante e o problema da sinonímia são descendentes gêmeos do problema do significado.

2

Suponhamos que nosso gramático trabalhe com uma língua até então não estudada, e que seu próprio contato com a língua foi limitado ao seu trabalho de campo. Como gramático, ele está ocupado em descobrir os limites da classe K de sequências significantes da língua. Correlações de sinonímia dos membros de K com sequências do português não é sua ocupação, mas sim do lexicógrafo.

Em princípio, não há um limite superior para o comprimento dos membros de K. Além disso, partes de sequências significantes contam como significantes até as menores unidades de análise adotadas, de modo que tais unidades, sejam quais forem, são os membros mais curtos de K. Além da dimensão de comprimento, no entanto, há uma dimensão de espessura a ser considerada. Pois, dadas duas enunciações de comprimento igual e arbitrário, e com estrutura acústica bastante similar, devemos saber se as contamos como ocorrências de dois membros de K ligeiramente diferentes ou como duas ocorrências ligeiramente diferentes de um único membro de K. A questão da espessura é a questão de quais diferenças acústicas temos de considerar relevantes e quais temos que considerar meras idiossincrasias irrelevantes de voz e pronúncia.

A questão da espessura se resolve catalogando os fonemas – os sons simples, diferenciados tão grosseiramente quanto possível, conforme os propósitos da língua. Dois sons sutilmente diferentes contam como o mesmo fonema a menos que seja possível, ao colocar um no lugar do outro na mesma enunciação, mudar o significado da enunciação.[2] Ora, a noção de fonema assim formulada depende óbvia e evidentemente da noção de identidade de significado ou sinonímia. Nosso gramático, se quiser permanecer um gramático puro e evitar a lexicografia, deve levar a cabo seu programa de delimitar *K* sem a ajuda da noção de fonema assim definida.

Parece haver, à primeira vista, uma saída fácil: ele pode simplesmente enumerar os fonemas exigidos para a língua particular de que se trata e prescindir da noção geral de fonema definida em termos de sinonímia. Esse procedimento seria completamente admissível como mera ajuda técnica para resolver o problema do gramático de especificar o pertencimento à classe *K*, se o problema de especificar tal pertencimento pudesse ser, ele próprio, *colocado* sem recurso prévio à noção geral de fonema. Mas a situação é diferente. A classe *K*, cuja descrição é a ocupação empírica do gramático, é uma classe de sequências de fonemas, e cada fonema é uma classe de eventos breves. (Seria conveniente engolir, por ora, essa dose de platonismo, embora algumas manobras lógicas possam servir para reduzi-lo.) O problema do gramático lhe é, em parte, proposto objetivamente da seguinte forma: cada evento de fala que ele encontra em seu trabalho de campo

---

[2] Cf. Bloch and Trager (1942), p.38-52, ou Bloomfield (1933), p.74-92.

conta como uma amostra de um membro de *K*. Mas a delimitação de diferentes membros de *K*, isto é, o agrupamento de acontecimentos acústicos mutuamente semelhantes em aglomerados de espessura adequada para qualificar formas linguísticas, também precisa ter alguma significância objetiva se for dado à tarefa do gramático de campo o sentido de uma tarefa empírica e objetiva. Essa exigência é cumprida se a noção geral de fonema estiver dada como um termo geral relativo: "*x* é um fonema para a linguagem *L*", com "*x*" e "*L*" variáveis, ou "*x* é um fonema para o falante *f*", com "*x*" e "*f*" variáveis. Por isso, a tarefa do gramático, no diz respeito a uma linguagem *L*, pode ser posta como a tarefa de encontrar quais sequências de fonemas de *L* são significantes para *L*. A formulação do objetivo do gramático depende não só de "significante", como deveríamos esperar, mas também de "fonema".

Mas ainda podemos procurar libertar o gramático de sua dependência da noção de sinonímia, libertando de alguma forma a própria noção de fonema dessa dependência. Cogitou-se, como Buhler, por exemplo, que em princípio isso pudesse ser realizado. Suponhamos que o *continuum* de sons seja disposto em ordem acústica e fisiológica, em uma ou mais dimensões, digamos, duas, e que ele seja projetado sobre a frequência de ocorrência, de tal modo que tenhamos um mapa de relevo tridimensional, no qual a altura representa a frequência de ocorrência. Sugere-se, então, que as maiores alturas correspondem a fonemas. Há muitas razões para suspeitar que nem esse modelo excessivamente simplificado, nem algo parecido possam dar uma definição adequada de fonema, e os fonologistas não deixaram de apresentar tais razões. A fim de discriminar outros pontos de comparação entre gramática e lexicografia, no entanto, façamos a suposição nada realista de que nosso gramático tem essa definição não semântica de fonema. Sua tarefa restante, então, é determinar uma descrição recursiva de uma classe de formas K que incluirá todas e apenas aquelas sequências de fonemas que são de fato significantes.

O ponto de vista fundamental é que a classe K está objetivamente determinada antes de a investigação gramatical ser iniciada; trata-se da classe de sequências significantes, as sequências capazes de ocorrer no fluxo normal da fala (supondo por ora que essa terminologia seja, ela própria, significante). Mas o gramático quer reproduzir a mesma classe em outros termos, formais; ele quer determinar, apenas em termos de elaboradas condições da sucessão dos fonemas, uma condição necessária e suficiente de pertencimento a K. Ele é um cientista empírico, e seu resultado será certo ou errado de acordo com o modo como reproduz a classe K objetivamente predeterminada ou alguma outra.

A especificação recursiva de K tentada por nosso gramático seguirá, podemos supor, a linha ortodoxa de listar "morfemas" e descrever construções. Morfemas, segundo os manuais,[3] são as formas significantes irredutíveis a formas significantes menores. Incluem afixos, raízes de palavras e palavras inteiras, desde que estas não sejam analisáveis em morfemas subsidiários. Mas podemos poupar nosso gramático de quaisquer problemas gerais ao definir morfema, permitindo a ele apenas listar exaustivamente seus assim chamados morfemas. Estes se tornam simplesmente uma segmentação conveniente de sequências de fonemas ouvidos, recortados em unidades de construção convenientes para seu propósito. Ele molda sua construção da forma mais simples a fim de lhe permitir gerar todos membros de K a partir de seus

---

[3] Cf. Bloch and Trager (1942), p.54; Bloomfield (1933), p.161-8.

morfemas, e corta seus morfemas de modo que permitam as construções mais simples. Da mesma forma que unidades maiores, como podem ser chamadas as palavras ou formas livres, os morfemas podem, desse modo, ser vistos simplesmente como estágios intermediários de um processo que, acima de tudo, ainda pode ser descrito como reprodução de K em termos de condições de sucessão de fonemas.

Não se pode negar que a reprodução de K pelo gramático, tal como esquematizei, é puramente formal, isto é, livre de semântica. Mas a colocação do problema do gramático é uma questão completamente diferente, pois gira em torno de uma noção anterior de sequência significante ou enunciação normal possível. Sem essa noção ou algo que tenha a mesma finalidade, não podemos dizer o que o gramático está querendo fazer – o que está tentando captar com sua reprodução formal de K – nem em que pode consistir a correção ou incorreção de seus resultados. Somos, pois, confrontados diretamente com um dos descendentes gêmeos do problema do significado, isto é, o problema de definir a noção geral de sequência significante.

3

Não basta dizer que uma sequência significante é simplesmente qualquer sequência de fonemas proferidos por qualquer um dos *Naturkinder*[4] do vale escolhido pelo nosso gramático. O que se procura como sequências significantes inclui não só aquelas que são proferidas, mas também as que *poderiam* ser proferidas sem haver reações

---

[4] Nativos (em alemão, no original). (N. T.)

indicativas de uma estranheza idiomática. O truque aqui é "poderia"; não podemos substituir por "será". As sequências significantes, não estando sujeitas a nenhum limite de comprimento, são infinitas em sua variedade, enquanto apenas uma amostra finita dessa variedade infinita terá sido proferida desde o nascimento da língua sob investigação até o momento que tiver se desenvolvido a ponto de o gramático não mais reconhecê-la.

A classe K desejada de sequências significantes é a culminação de uma série de quatro classes de grandeza crescente, H, I, J e K, definidas da seguinte forma: H é a classe de sequências observáveis, excluindo todas as que forem declaradas impróprias no sentido de serem não linguuísticas ou pertencerem a dialetos alheios. I é a classe de todas essas sequências observáveis e todas as que em algum momento serão observadas profissionalmente, excluindo mais uma vez as que forem declaradas impróprias. J é classe de todas as sequências que ocorrem, agora, no passado e no futuro, incluídas ou não na observação profissional – excluindo, novamente, apenas as que forem declaradas impróprias. Por fim, K é a classe infinita de todas aquelas sequências, com a exclusão das impróprias, como sempre, que possam ser proferidas sem reações de estranheza. K é a classe de que o gramático quer se aproximar em sua reconstrução formal, e K é mais inclusiva até mesmo do que J, sem mencionar H e I. Ora, a classe H é uma enumeração finita; a classe I é, ou poderia ser, uma enumeração crescente; a classe J vai além de qualquer enumeração, mas ainda tem certa realidade para o senso comum; mas nem mesmo isso pode, com confiança, ser dito de K, por causa do "possa".

Presumo que tenhamos de deixar o "possa" sem redução. Ele tem certo valor operacional, mas apenas parcialmente. Ele exige que nosso gramático inclua em sua reconstrução de *K* todos os casos efetivamente observados, isto é, todos os casos de *H*. Além disso, obriga-o a predizer que todos os casos observados no futuro se conformarão à reconstrução, isto é, que todos os casos de *I* pertencem a *K*. Além disso, compromete-o com a hipótese científica de que todos os casos não observados caem nesse *K*, isto é, todos os casos de *J*. O que mais cobre o "possa"? Qual a razão por trás desse infinito pertencimento adicional a *K*, além da parte finita de *J*? Essa vasta força adicional do "possa", no caso presente e em outros casos, é talvez o vestígio do mito indo-europeu, fossilizado no modo subjuntivo.

O que nosso gramático faz é bastante evidente. Ele modela sua reconstrução gramatical de *K* segundo as linhas mais simples possíveis, compatíveis com a inclusão de *H*, com a plausibilidade da inclusão prevista de *I*, com a plausibilidade da hipótese de inclusão de *J* e com a plausibilidade, além disso, de exclusão de todos as sequências que efetivamente ocasionam estranheza nas reações. Sugiro que nossa base para dizer o que é "possa" consista geralmente no que *é* acrescido de *simplicidade* das leis por meio das quais descrevemos e extrapolamos o que é. Não vejo nenhuma forma mais objetiva de construir a *conditio irrealis*.

No que diz respeito à noção de sequência significante, um dos dois sobreviventes da noção de significado, observamos o seguinte: ela é necessária no estabelecimento da tarefa do gramático. Mas é descritível, sem recorrer a significados como tais, denotando qualquer sequência que possa ser proferida na sociedade sob consideração sem reações sugerindo estranheza idiomática. Essa noção de uma reação sugerindo estranheza idiomática requer eventualmente algum refinamento. Há também um problema considerável de refinamento quando se colocam inicialmente de lado os chamados ruídos, assim como os dialetos alheios. Há também um problema metodológico geral, filosófico, levantado pela palavra "possa". Esse problema é comum à formação de conceitos na maior parte das áreas (salvo na Lógica e na Matemática, nas quais ele é bem esclarecido); esbocei uma atitude que podemos assumir diante dele.

Devemos também nos lembrar da simplificação excessiva que fiz em relação aos morfemas quando os tratei simplesmente como sequências convenientes de fonemas que nosso gramático especifica por enumeração no curso de sua reconstrução da classe de sequências significantes baseadas em fonemas. Isso não é realista, pois requer que nosso gramático esgote o vocabulário, em vez de permitir que deixe certas categorias abertas, comparáveis a nossos substantivos e verbos, sujeitos a um enriquecimento *ad libitum*. Mas se, por outro lado, lhe concedemos algumas categorias de morfemas abertos, sua reconstrução da classe K de sequências significantes deixa de ser uma construção formal com base em fonemas; o máximo que podemos dizer é que é uma reconstrução formal baseada em fonemas e em suas categorias abertas de morfemas. Desse modo, seu problema permanece sendo como ele caracterizará suas categorias abertas de morfemas, uma vez que a enumeração não serve mais. Essa brecha tem de ser vigiada contra a possível invasão de um elemento semântico não analisado.

Não quero abandonar a questão da sequência significante sem mencionar outro problema curioso que essa noção levanta. Vou falar agora do inglês, em vez de uma língua selvagem hipotética. Qualquer cadeia de sons sem sentido e completamente estranha ao inglês pode ocorrer dentro de uma sentença perfeitamente inteligível do idioma, inclusive dentro de uma sentença verdadeira, se colocarmos a sentença entre aspas e dissermos que no resto dela tudo que foi citado *é* contrassenso, que não é inglês, que consiste em quatro sílabas, ou que rima com "Pirapora"[5] etc. Se dissermos que toda a sentença pertence ao inglês falado normal, então o contrassenso dentro dela ocorreu na fala normal do inglês, e perdemos, desse modo, os meios para excluir qualquer sequência pronunciável da categoria de sequência significante. Assim, ou temos de estreitar nosso conceito de normalidade a fim de excluir, para o presente propósito, sentenças que usam aspas, ou temos de estreitar nosso conceito de ocorrência para excluir ocorrências entre aspas. Em qualquer caso, temos o problema de identificar um equivalente falado para as aspas e fazê-lo em termos suficientemente gerais para que nosso conceito de sequência significante não seja previamente limitado a uma língua preconcebida como o inglês.

Em qualquer caso, vimos que o problema da sequência significante admite uma considerável fragmentação, e isso é um dos dois aspectos a que o problema do significado parecia se reduzir, isto é, o aspecto de ter significado. O fato de que esse aspecto do problema do significado tenha essa forma mais ou menos tolerável explica, sem dúvida, a tendência a pensar a gramática como uma parte formal, não semântica da linguística. Voltemo-nos agora para o outro e mais ameaçador aspecto do problema do significado: o aspecto da semelhança em significado ou sinonímia.

4

Um lexicógrafo pode estar ocupado com a sinonímia entre formas de uma língua e formas de outra ou, quando está

---

[5] A expressão original é "Kalamazoo", nome de uma cidade localizada em Michigan, nos Estados Unidos. (N. T.)

compilando um dicionário de uma língua particular, pode se ocupar com a sinonímia entre formas da mesma língua. A maneira como dois casos podem satisfatoriamente ser subsumidos sob uma única formulação geral da sinonímia é uma questão aberta, pois é uma questão aberta saber se o conceito de sinonímia pode ser satisfatoriamente clarificado para cada um dos casos. Limitemos nossa atenção à sinonímia interna a uma língua.

Os assim chamados critérios ou condições de intersubstitutibilidade desempenharam, de uma forma ou de outra, papéis centrais na gramática moderna. Para o problema da sinonímia na semântica, essa abordagem parece ainda mais evidente. No entanto, a noção de intersubstitutibilidade de duas formas linguísticas faz sentido apenas se forem dadas respostas para estas duas questões: (a) em quais tipos de posição contextual, se não em todos, duas formas são intersubstituíveis? (b) as formas devem ser intersubstituíveis *salva quo*? Substituir uma forma por outra em qualquer contexto modifica alguma coisa, a saber, ao menos a forma; e (b) pergunta qual traço a intersubstituição deixa invariante. Respostas alternativas para (a) e (b) dão noções alternativas de intersubstitutibilidade, algumas adequadas para definir correspondências gramaticais e outras, possivelmente, para definir a sinonímia.

No §3 do Ensaio II, tentamos responder (b), tendo em vista a sinonímia, com *veritate*. Vimos que algo ainda devia ser feito a respeito de (a), tendo em vista, por exemplo, a dificuldade apresentada pelas aspas. Respondemos (a), recorrendo problematicamente à noção prévia de "palavra". Vimos, então, que a intersubstitutibilidade *salva veritate* era muito fraca para a sinonímia no caso da linguagem como um todo ser "extensional", e que em outras linguagens ela era uma condição não esclarecedora, implicando algo como um círculo vicioso.

Não é claro que o problema da sinonímia discutido naquelas páginas seja o mesmo problema do lexicógrafo, pois naquelas páginas estávamos ocupados com a sinonímia "cognitiva", que abstrai muito do que o lexicógrafo gostaria de preservar em suas traduções e paráfrases. Até mesmo o lexicógrafo está, na verdade, pronto para igualar, como sinônimas, muitas formas que diferem perceptivelmente com relação à associação imaginativa e ao valor poético:[6] mas o sentido favorável da sinonímia segundo seus propósitos é provavelmente mais restrito do que a sinonímia no suposto sentido cognitivo. Seja como for, certamente os resultados negativos que foram postos no parágrafo anterior valem aqui; o lexicógrafo não pode responder (b) com *veritate*. A intersubstitutibilidade que ele busca na sinonímia não tem apenas de ser tal que garanta que enunciados verdadeiros continuem verdadeiros e que falsos continuem falsos, quando sinônimos são substituídos entre si; ela tem de garantir, além disso, que enunciados se tornem enunciados que, como um todo, são de alguma forma sinônimos.

Esta última observação não se coloca como uma definição, dada sua circularidade: formas são sinônimas quando sua intersubstituição faz seus contextos permanecerem sinônimos. Mas ela tem a virtude de indicar que a substituição não é o ponto principal e que o que precisamos, em primeiro lugar, é de alguma noção de sinonímia para segmentos de discurso longos. A sugestão é oportuna, pois, sejam quais forem as considerações precedentes, três razões podem ser aduzidas para abordar o problema da sinonímia do ponto de vista de segmentos de discurso longos.

---

[6] Ver anteriormente, p.48.

A primeira é que qualquer critério de intersubstitutibilidade para a sinonímia de formas curtas seria obviamente limitada à sinonímia interna a uma língua; do contrário, a intersubstituição produziria bagunças poliglotas. A sinonímia *inter*linguística tem de ser uma relação, primariamente, entre segmentos de discurso que são longos o bastante para merecer consideração que abstraia de um contexto inclusivo peculiar a uma ou outra língua particular. Eu digo "primariamente" porque a sinonímia interlinguística pode, na verdade, ser definida para as formas componentes de uma maneira derivada e posteriormente.

A segunda é que um recuo a segmentos mais longos tende a superar a dificuldade da ambiguidade ou da homonímia. A homonímia choca-se com a lei de que se *a* é sinônimo de *b*, e *b* de *c*, então *a* é sinônimo de *c*. Pois, se *b* tem dois significados (para voltar à maneira comum como se fala de significado), *a* pode ser sinônimo de *b* em um sentido de *b*, e *b* de *c*, em outro sentido de *b*. Essa dificuldade é algumas vezes resolvida tratando uma forma ambígua como duas formas, mas esse recurso tem a desvantagem de fazer o conceito de forma depender do conceito de sinonímia.

Em terceiro lugar, há o caso em que, glosando uma palavra, temos frequentemente de nos contentar com um sinônimo parcial problemático, acrescido de indicações de uso. Assim, ao glosar "passada", dizemos "muito madura" e acrescentamos "dito de uma fruta".[7] Esse caso comum reflete o fato de que a sinonímia nas formas curtas não é a preocupação primária do lexicógrafo; sinônimos problemáticos acrescidos de indicações de uso são completamente

---

[7] O exemplo de Quine é o seguinte: "*addled*" (podre), "*spoiled*" (estragado), "*said of an egg*" (dito de um ovo). (N. T.)

satisfatórios na medida em que aceleram sua tarefa principal de explicar como traduzir ou parafrasear falas longas. Podemos continuar a caracterizar o domínio do lexicógrafo exatamente como a sinonímia, mas apenas reconhecendo-a primariamente como uma relação de segmentos de discurso longos o bastante.

Podemos, então, considerar o lexicógrafo como alguém interessado, em última instância, apenas em catalogar pares de sinônimos que são sequências com extensão suficiente para admitir a sinonímia em algum sentido primário. Naturalmente, ele não pode catalogar esses pares de sinônimos verdadeiros diretamente, nem de modo exaustivo, pois eles são ilimitados em número e variedade. Sua situação é paralela à do gramático, que, pela mesma razão, era incapaz de catalogar diretamente as sequências significantes. O gramático alcançava seu objetivo fixando-se em uma classe de unidades atômicas capazes de serem enumeradas e, então, propondo regras para compô-las e obter todas as sequências significantes. De maneira similar, o lexicógrafo alcança seu objetivo, especificando os infinitamente numerosos pares de formas curtas capazes de ser enumeradas e, então, explicando de modo tão sistemático quanto possível como construir sinônimos genuínos para todas as formas suficientemente longas, compostas por essas formas curtas. Essas formas curtas são, na verdade, as entradas em seu glossário, e as explicações de como construir sinônimos genuínos de todos os componentes suficientemente longos são o que, em seu glossário, aparecem como glosas, tipicamente uma mistura de quase sinônimos e indicações de uso.

Assim, a verdadeira atividade do lexicógrafo, sua glosa de formas curtas recorrendo a quase sinônimos e indicações de uso, não se opõe ao fato de ele estar pura e simplesmente preocupado com a sinonímia genuína no que diz respeito a formas suficientemente longas a ponto de admitir a sinonímia genuína. Algo parecido com sua verdadeira atividade é a única maneira possível de catalogar a classe ilimitada de pares de formas mais longas genuinamente sinônimas.

Acabo de explorar um paralelismo entre a reconstrução indireta feita pelo gramático da classe ilimitada de sequências significantes e a reconstrução indireta feita pelo lexicógrafo da classe ilimitada de pares de sinônimos genuínos. Esse paralelismo pode ser mais bem explorado. Ele revela que a reconstrução feita pelo lexicógrafo da classe de pares de sinônimos é tão formal em seu espírito quanto a reconstrução feita pelo gramático da classe de sequências significantes. O uso desonesto da palavra "formal" para favorecer o gramático contra o lexicógrafo é, portanto, equivocado. Tanto o lexicógrafo como o gramático simplesmente listariam os membros das respectivas classes em que estão interessados, não fosse a vastidão, ou mesmo a infinitude, dos números envolvidos. Por outro lado, assim como o gramático precisa de uma noção prévia, que vai além de suas reconstruções formais, de sequência significante para a formulação de seu problema, o lexicógrafo precisa de uma noção prévia de sinonímia para a formulação de seu problema. Ao formular seus problemas, o gramático e o lexicógrafo apoiam-se igualmente na herança legada pela velha noção de significado.

Fica claro, pelas reflexões anteriores, que a noção de sinonímia de que se precisa na formulação do problema é a sinonímia apenas entre sequências longas o suficiente para que suas conexões sinonímicas sejam delimitadas claramente. Mas, para concluir, quero enfatizar quão desconcertante é esse problema persistente da sinonímia, mesmo que relativamente bem delimitado e bem comportado.

5

Supõe-se que a sinonímia de duas formas consista vagamente em uma semelhança aproximada das situações que evocam as duas formas, e em uma semelhança aproximada do efeito de cada uma das formas no ouvinte. Em nome da simplicidade, esqueçamos essa segunda exigência e concentremo-nos na primeira – a semelhança das situações. O que tenho para dizer daqui em diante será tão vago, no melhor dos casos, que esta última imprecisão não importará muito.

Como qualquer um pode notar, não há duas situações que se assemelhem completamente; situações em que a mesma forma é proferida são dessemelhantes de diversos modos. O que mais importa é a semelhança em *aspectos relevantes*. Ora, o problema de encontrar os aspectos relevantes é, se pensarmos a questão de uma maneira suficientemente simplista, um problema típico da ciência empírica. Observamos um falante de kalaba, por exemplo – adotando o mito de Pike –, e procuramos as correlações ou as assim chamadas conexões causais entre os ruídos que produz e as outras coisas que vemos acontecer. Como em toda investigação empírica que busca correlações ou as chamadas conexões causais, conjecturamos acerca da relevância de uma ou outra característica e, então, por meio de observações adicionais ou mesmo por meio de experimentos, tentamos confirmar ou refutar nossa hipótese. Na verdade, essa conjectura de relações possíveis é facilitada na lexicografia por nossa familiaridade natural com as características básicas do interesse humano. Finalmente, tendo encontrado evidências confiáveis para correlacionar um dada sequência de sons da kalaba com uma dada combinação de circunstâncias, conjecturamos acerca da sinonímia dessa sequência de sons com outra, em português, por exemplo, que é correlacionada com as mesmas circunstâncias.

Como observei desnecessariamente, essa abordagem é por demais simplista. Quero agora enfatizar um aspecto importante em que ela é por demais simplista: as características relevantes da situação resultante de uma dada enunciação da kalaba estão, em grande parte, ocultas na figura do falante, no qual foram inculcadas por seu ambiente anterior. Para nossos propósitos, esse encobrimento é em parte bom, e em parte ruim. Ele é parcialmente bom na medida em que isola o treinamento linguístico restrito de um sujeito. Se pudéssemos admitir que nosso falante de kalaba e nosso falante de português, quando observados em situações exteriores semelhantes, diferissem apenas no modo de dizer as coisas e não *naquilo* que dizem, por assim dizer, então a metodologia das determinações de sinonímia seria bastante regular; a parte estritamente linguística do complexo causal, diferente para os dois falantes, estaria convenientemente fora do campo de visão, enquanto todas as partes do complexo causal decisivas para a sinonímia e heteronímia estariam abertas para serem observadas. Mas, obviamente, o problema é que não são apenas os hábitos estritamente linguísticos do vocabulário e da sintaxe que são trazidos por todo falante de seu passado desconhecido.

A dificuldade aqui não é apenas que esses componentes subjetivos da situação são difíceis de desentranhar. Essa dificuldade, se fosse a única, contribuiria para a incerteza prática e para os erros frequentes nas declarações do lexicógrafo, mas seria irrelevante para o problema de toda a definição teórica da sinonímia – isto é, irrelevante para o problema de formular coerentemente o objetivo do lexicógrafo. Teoricamente, a dificuldade mais importante é que, como Cassirer e Whorf enfatizaram, não há, em princípio, nenhuma língua que possa ser separada do resto do mundo, ao menos tal como concebe o falante. Diferenças fundamentais na língua estão, muito provavelmente, ligadas a diferenças na maneira como os falantes articulam o próprio mundo em coisas e propriedades, tempo e espaço, elementos, forças, espíritos e assim por diante. Não é evidente, nem mesmo em princípio, que faça sentido pensar que as palavras e a sintaxe variam de língua para língua, enquanto seu conteúdo permanece fixo, ao menos entre expressões de línguas radicalmente diferentes.

O que dá ao lexicógrafo uma via de acesso é o fato de haver muitas características fundamentais no modo como os homens conceituam o ambiente externo, no modo como dividem o mundo em coisas, que são comuns a todas as culturas. Todo homem provavelmente verá uma maçã ou uma fruta-pão ou um coelho, antes de tudo, como uma unidade completa em vez de como um acúmulo de unidades menores ou como um fragmento de um ambiente maior, ainda que, de pontos de vista sofisticados, todas essa posturas sejam sustentáveis. Todo homem tenderá a separar a massa de matéria em movimento em unidades, separá-las do pano de fundo estático e prestar atenção particular a elas. Ainda há fenômenos climáticos específicos a que alguém poderá atribuir as mesmas fronteiras conceituais que outro; e, de modo similar, talvez alguns estados internos fundamentais, como a fome. Se aceitarmos esse fundo presumivelmente comum de conceituação, podemos passar a trabalhar com a suposição de que nosso falante de kalaba ou nosso falante de português, observados em situações exteriores, diferem apenas no modo como dizem as coisas, e não naquilo que dizem.

A natureza dessa via de acesso a um léxico estrangeiro dá força à concepção errônea do significado como referência, já que, nesse estágio, as palavras são interpretadas tipicamente ao apontar para um objeto referido. Talvez não seja inoportuno lembrar que, mesmo aqui, o significado não é referência. Esta pode ser a estrela da tarde, para voltar ao exemplo de Frege, e, logo, também ser a estrela da manhã, que é a mesma coisa; mas, apesar disso, "estrela da tarde" pode ser uma boa tradução e "estrela da manhã", uma tradução ruim.

Sugeri que os primeiros movimentos óbvios do lexicógrafo, ao adquirir um vocabulário inicial de kalaba, são, no fundo, uma questão de explorar a superposição de nossas culturas. Com base nesse núcleo, ele trabalha indo em direção ao exterior, de um modo cada vez mais falível e conjectural, por meio de uma série de pistas e palpites. Desse modo, ele começa com um fundo de correlações de sentenças da kalaba com sentenças do português no nível em que nossas culturas encontram uma com a outra. A maior parte dessas sentenças classifica objetos visivelmente separados. Ele, então, divide essas sentenças da kalaba em componentes menores e faz traduções experimentais desses elementos para o português, compatíveis com suas traduções iniciais de sentenças. Sobre essa base, ele elabora hipóteses acerca de traduções para o português de novas combinações dessas combinações de elementos, que, como totalidades, não foram traduzidas de maneira direta. Ele testa suas hipóteses o melhor que pode, fazendo observações adicionais e permanecendo atento aos conflitos. Mas, na medida em que as sentenças traduzidas vão se distanciando dos meros relatos de observações comuns, diminui a evidência de qualquer possível conflito; o lexicógrafo começa a depender cada vez mais de sua própria projeção, incluindo sua *Weltanschauung*[8] indo-europeia, nas sandálias do informante de kalaba. Ele também começa a

---

[8] Visão de mundo (em alemão no original). (N. T.)

recorrer cada vez mais ao último refúgio de todos os cientistas: o apelo à simplicidade interna de seu sistema em crescimento.

Evidentemente, o léxico terminado é um caso de *ex pede Herculem*.[9] Mas há uma diferença. Ao projetar a altura de Hércules a partir de seus pés, corremos o risco de errar, mas podemos nos confortar com o fato de que haja alguma coisa acerca da qual podemos errar. No caso do léxico em que falta uma definição de sinonímia, não temos nenhuma formulação para o problema; não temos nada para que o lexicógrafo esteja certo ou errado.

Muito possivelmente, a noção, em última instância, frutífera de sinonímia será de grau: não a relação diádica de *a* como sinônimo de *b*, mas a relação tetrádica de *a* como mais sinônimo de *b* do que *c* de *d*. Mas classificar a noção como uma questão de grau não é explicá-la; ainda podemos querer um critério ou, ao menos, uma definição para nossa relação tetrádica. A grande dificuldade a ser superada ao estabelecer uma definição, seja ela a definição de uma relação diádica de sinonímia absoluta ou de uma relação tetrádica de sinonímia comparativa, é a dificuldade de nos decidirmos sobre o que estamos tentando fazer quando traduzimos um enunciado de kalaba que não é um mero relato das características diretamente observáveis da situação circundante.

O outro ramo do problema, isto é, o problema de definir a sequência significante, levou-nos a uma condicional contrafactual: uma sequência significante é aquela que talvez *possa* ser proferida sem tais e tais reações adversas. Sublinhei

---

[9] A expressão latina expressa uma máxima de proporcionalidade, inspirada em um experimento atribuído a Pitágoras, que teria estabelecido a altura de Hércules com base no tamanho de sua pegada, valendo-se da proporção das partes do corpo humano. De modo geral, a expressão diz que é possível chegar ao todo a partir da parte. (N. T.)

que o conteúdo operacional desse "possa" é incompleto, deixando uma margem para livres determinações adicionais de uma teoria gramatical à luz da simplicidade das considerações. Mas nós estamos bem preparados para aceitar condicionais contrafactuais. No caso da sinonímia, tirania do sistema em desenvolvimento, a escassez de controles objetivos explícitos é mais flagrante.

IV

IDENTIDADE, OSTENSÃO E HIPÓSTASE

1

A identidade é uma conhecida fonte de perplexidade filosófica. Submetido às mudanças por que passo, como se pode dizer que continuo a ser eu mesmo? Considerando que uma substituição completa de minha substância material sempre ocorre de anos em anos, como se pode dizer que continuo, no melhor dos casos, sendo eu por mais do que esse período?

Seria cômodo ser levado, por essas ou outras considerações, a crer em uma alma imutável e, portanto, imortal, como veículo de minha persistente identidade pessoal. Mas deveríamos ser menos apressados em adotar uma solução parecida para o problema de Heráclito quanto ao rio: "Não podemos nos banhar no mesmo rio duas vezes porque novas águas estão sempre correndo sobre nós".

A solução do problema de Heráclito, embora conhecida, permitirá uma abordagem adequada para questões menos conhecidas. A verdade é que *podemos* nos banhar duas vezes no mesmo *rio,* mas não no mesmo estágio do rio.

Podemos nos banhar em dois estágios do rio, que são estágios do mesmo rio, e é nisso que consiste se banhar duas vezes no mesmo rio. Um rio é um processo através do tempo, e os estágios do rio são suas partes momentâneas. A identificação do rio em que nos banhamos uma vez com o rio em que nos banhamos novamente é exatamente o que determina que nosso tema seja um processo do rio, oposto a um estágio do rio.

Vou chamar de *água* qualquer multiplicidade de moléculas. Ora, um estágio do rio é ao mesmo tempo um estágio de água, mas dois estágios do mesmo rio em geral não são estágios da mesma água. Os estágios do rio são estágios de água, mas os rios não são águas. Podemos nos banhar no mesmo rio duas vezes sem nos banharmos na mesma água duas vezes, e, nestes dias de transportes rápidos, podemos nos banhar duas vezes na mesma água, nos banhando em dois rios diferentes.

Imaginemos que começamos com coisas momentâneas e suas inter-relações. Uma dessas coisas momentâneas, chamada *a*, é um estágio momentâneo do Rio Caístro, na Lídia, cerca de 400 anos a.C. Outra, chamada *b*, é um estágio momentâneo do Caístro dois dias depois. Uma terceira, *c*, é um estágio momentâneo, nesse mesmo dia posterior, da mesma multiplicidade de moléculas de água que estava no rio no momento *a*. Metade de *c* está no vale do baixo Caístro, e a outra metade encontra-se em diversos pontos do Mar Egeu. Assim, *a, b* e *c* são três objetos relacionados de várias maneiras. Podemos dizer que *a* e *b* estão em uma relação de parentesco fluvial, e que *a* e *c* estão em uma relação de parentesco aquático.

Ora, apresentar os rios como entidades singulares, isto é, processos ou objetos que consomem o tempo, consiste fundamentalmente em entender que há identidade em vez de parentesco fluvial. Seria errado, na verdade, dizer que *a* e *b* são idênticos; eles são meros parentes fluviais. Mas se apontássemos para *a*, depois esperássemos os dois dias necessários e apontássemos para *b*, e afirmássemos a identidade dos objetos apontados, deveríamos mostrar, com isso, que nosso ato de apontar não pretendia ser um ato de apontar para dois estágios de rio aparentados, mas o de apontar um único rio que inclui ambos. Aqui, a atribuição de identidade é essencial para determinar a referência da ostensão.

Essas reflexões remetem à explicação de Hume sobre nossa ideia de objetos exteriores. A teoria de Hume era que a ideia de objetos exteriores surge de um erro de identificação. Diversas impressões semelhantes separadas no tempo são equivocadamente tratadas como idênticas; depois, para resolver essa contradição de identificar eventos momentâneos e separados no tempo, inventamos um novo objeto não momentâneo para servir de apoio à nossa afirmação de identidade. A acusação de identificação errônea feita por Hume nesse ponto é interessante como conjectura psicológica sobre as origens, mas não precisamos compartilhar dessa conjectura. O importante a observar é a relação direta entre a identidade e a postulação de processos, ou objetos estendidos no tempo. Atribuir identidade em vez de parentesco fluvial é como falar no Rio Caístro em vez de falar em *a* e *b*.

O apontar é por si mesmo ambíguo quanto à extensão temporal do objeto indicado. Mesmo admitindo que o objeto indicado seja um processo de considerável extensão temporal, e, portanto, uma soma de objetos momentâneos, o apontar, ainda assim, não nos diz *qual* soma de objetos momentâneos é visada, além do fato de que o objeto momentâneo em causa deverá estar na soma desejada. Apontar para *a*, se for interpretado como se referindo a um processo estendido no tempo e não meramente ao objeto momentâneo *a*, poderia ser interpretado como se referindo ao Rio Caístro, do qual *a* e *b* são dois estágios, como se referindo à água, da qual *a* e *c* são dois estágios, ou como referido a qualquer uma dentre um número ilimitado de outras somas menos naturais às quais *a* também pertence.

Normalmente, essa ambiguidade é resolvida associando-se o ato de apontar a palavras como "este rio", recorrendo, assim, ao conceito anterior de um rio como um tipo definido de processo que consome tempo, uma forma definida de soma de objetos momentâneos. Apontar para *a* e dizer "este rio" – ou ὅδε ὃ ποταμός, já que estamos no ano 400 a.C. – não deixa ambiguidade quanto ao objeto da referência, se a própria palavra "rio" já for, ela própria, inteligível. "Este rio" significa "a soma fluvial de objetos momentâneos que contém esse objeto momentâneo".

Mas aqui já fomos além da simples ostensão e assumimos a conceituação. Suponhamos agora, de maneira contrária, que o termo geral "rio" ainda não foi compreendido, de modo que não podemos especificar o Caístro apontando e dizendo: "Este rio é o Caístro". Suponhamos também que estejamos privados de qualquer outro instrumento de descrição. O que podemos fazer, então, é apontar para *a* e, dois dias depois, para *b*, e dizer cada vez: "Este é o Caístro". Usada assim, a palavra "este" não deve se referir nem a *a* nem a *b*, mas a alguma coisa mais abrangente, idêntica nos dois casos. No entanto, nossa especificação do Caístro ainda não é única, pois ainda poderíamos estar indicando qualquer uma de uma grande variedade de outras coleções de objetos momentâneos, relacionados de modos diferentes do parentesco fluvial; tudo que sabemos é que *a* e *b* estão entre seus constituintes. No entanto, ao apontar para cada vez mais estágios além de *a* e *b*, eliminamos cada vez mais alternativas, até que nosso ouvinte, auxiliado por sua própria tendência a favorecer os agrupamentos mais naturais, acaba por captar a ideia do Caístro. Seu aprendizado dessa ideia é uma indução: com base em nosso agrupamento das amostras de objetos momentâneos *a, b, d, g* e outras, sob a designação de Caístro, ele projeta uma hipótese geral correta a respeito de quais outros objetos momentâneos nós também estaríamos dispostos a incluir.

Na verdade, há, no caso do Caístro, a questão de sua extensão no espaço, assim como no tempo. Nossas amostras de gestos de apontar não têm de ser feitas apenas em várias datas, mas também em vários pontos rio acima e rio abaixo, se quisermos que nosso ouvinte tenha uma base representativa para sua generalização indutiva da pretensa amplitude espaço--temporal do objeto tetradimensional Caístro.

Na ostensão, a extensão espacial não é completamente separável da extensão temporal, pois as sucessivas ostensões, que fornecem as amostras relativas à extensão espacial, necessariamente consomem tempo. A inseparabilidade de espaço e tempo, característica da teoria da relatividade, é prefigurada, mesmo que superficialmente, nessa situação simples de ostensão.

Vê-se, pois, que o conceito de identidade desempenha uma função central na especificação por ostensão de objetos dotados de extensão espaço-temporal. Sem a identidade, *n* atos de ostensão especificam no máximo *n* objetos, cada um deles de extensão espaço-temporal indeterminada. Mas, quando afirmamos a identidade de um objeto, de ostensão em ostensão, fazemos com que nossas *n* ostensões se refiram ao mesmo objeto extenso e, desse modo, damos ao nosso ouvinte um fundamento indutivo com base no qual ele pode adivinhar o alcance pretendido desse objeto. A pura ostensão, acrescida da identificação, transmite, com a ajuda de um pouco de indução, a extensão espaço-temporal.

2

Ora, há uma evidente similaridade entre o que observamos até aqui e a explicação ostensiva dos termos *gerais*, como "vermelho" ou "rio". Quando aponto em uma direção em que o vermelho é visível, digo "Isso é vermelho", e repito o gesto em diversos lugares durante certo período, forneço uma base indutiva para a avaliação da pretendida amplitude do atributo vermelhidão. A diferença parece ser simplesmente que a extensão de que se trata aqui é uma extensão conceitual, a generalidade, não uma amplitude espaço-temporal.

Mas isso é realmente uma diferença? Tentemos mudar nosso ponto de vista até podermos pensar a palavra "vermelho" em completa analogia com "Caístro". Ao apontar e dizer "Isto é Caístro" em vários momentos e lugares, melhoramos progressivamente a compreensão de nosso ouvinte quanto às porções do espaço-tempo as quais pretendemos que sejam abrangidas por nossa palavra "Caístro"; e, ao apontar e dizer "Isto é vermelho" em vários momentos e lugares, melhoramos progressivamente a compreensão de nosso ouvinte quanto às porções do espaço-tempo as quais pretendemos que sejam abrangidas por nossa palavra "vermelho". As regiões às quais "vermelho" se aplica não são, na verdade, contínuas entre si, ao contrário das regiões às quais "Caístro" se aplica, mas isso é certamente um detalhe irrelevante; "vermelho" certamente não deve ser oposto a "Caístro", como o abstrato ao concreto, simplesmente por causa da descontinuidade na forma geométrica. O território dos Estados Unidos, incluindo o Alasca, é descontínuo, mas, mesmo assim, ele é um objeto concreto singular; e também o é uma suíte ou um baralho de cartas espalhado. Na verdade, todo objeto físico que não seja subatômico é, segundo a Física, feito de partes espacialmente separadas. Por que, então, não encarar "vermelho" do mesmo modo que "Caístro", como nome de um objeto concreto singular situado no espaço e no tempo? Desse ponto de vista, dizer que certa gota é vermelha é afirmar uma simples relação espaço-temporal entre dois objetos concretos; um objeto, a gota, é uma parte espaço-temporal do outro, o vermelho, assim como certa queda d'água é uma parte espaço-temporal do Caístro.

Antes de considerar fracassada a equiparação geral dos universais com os particulares, gostaria de voltar atrás e examinar mais detidamente o terreno que já percorremos. Vimos como a identidade e a ostensão se combinam na conceituação de objetos extensos, mas não perguntamos por quê. Que valor dá sobrevida a essa prática? A identidade é mais conveniente do que o parentesco fluvial ou outras relações, porque os objetos relacionados não têm de ser mantidos separados como uma multiplicidade. Se o que pretendemos dizer sobre o Rio Caístro não implica por si mesmo distinções entre os estágios momentâneos a, b etc., ganhamos na simplicidade formal do tema pela representação de nosso tema como um objeto singular, o Caístro, em vez de uma multiplicidade de objetos a, b etc., ligados por parentesco fluvial. Esse expediente é uma aplicação, de maneira local ou relativa, da navalha de Ockham: as entidades de que se trata em um determinado discurso são reduzidas a partir de uma multiplicidade, a, b etc., a uma só, o Caístro. Note, no entanto, que, de um ponto de vista geral ou absoluto, esse expediente opõe-se diametralmente à navalha de Ockham porque as múltiplas entidades a, b etc., não foram eliminadas do universo; o Caístro foi simplesmente acrescentado. Há contextos nos quais ainda precisaremos falar diferencialmente de a, b e outros, em vez de falarmos indiscriminadamente do Caístro. Mesmo assim, o Caístro continua sendo um acréscimo conveniente a nossa ontologia por causa dos contextos em que ele realmente traz economia.

Considere-se, de maneira um pouco mais geral, um discurso sobre objetos momentâneos que continuam sendo todos eles estágios de rio, mas não continuam sendo inteiramente parentes fluviais. Se acontecer neste discurso determinado que tudo o que seja afirmado de qualquer objeto momentâneo seja também afirmado de qualquer outro que é seu parente fluvial, de tal modo que nenhuma distinção entre estágios do mesmo rio seja relevante, então claramente ganhamos em simplicidade com a representação do nosso tema como composto de alguns rios, em vez de muitos estágios de rio. Ainda há diversidades entre nossos novos objetos, os rios, mas nenhuma diversidade permanece além das necessidades do discurso de que nos ocupamos.

Acabei de falar da integração de objetos momentâneos em totalidades que consomem tempo, mas é claro que observações similares aplicam-se à integração de localidades que podem ser indicadas individualmente em totalidades espacialmente extensas. Quando o que queremos dizer sobre certas superfícies extensas não diz respeito a distinções entre suas partes, simplificamos nosso discurso tornando seus objetos tão escassos e tão grandes quanto podemos – tomando as várias superfícies extensas como objetos singulares.

Observações análogas valem, e de modo bastante evidente, para a integração conceitual – a integração de particulares em um universal. Suponhamos um discurso acerca de estágios pessoais e suponhamos que tudo o que for dito acerca de qualquer estágio pessoal nesse discurso particular aplica-se igualmente a todos os estágios pessoais que ganham a mesma quantidade de dinheiro. Nosso discurso é, então, modificado pela mudança de seu tema de estágios pessoais para grupos de renda. Distinções irrelevantes para o discurso em questão são, assim, excluídas do tema.

De maneira geral, poderíamos propor esta máxima da *identificação dos indiscerníveis:* os objetos que não se distinguem uns dos outros nos termos de um dado discurso devem ser concebidos como idênticos para esse discurso. De modo mais preciso: as referências aos objetos originais devem ser novamente concebidas, para os propósitos do discurso, como se referindo a outros objetos mais escassos, de tal modo que cada um dos originais indistinguíveis dá lugar ao mesmo novo objeto.

Para um exemplo visível de aplicação dessa máxima considere o chamado cálculo proposicional.[1] Para começar, sigamos a orientação de parte da literatura moderna, considerando "p", "q" etc., desse cálculo como se referindo a conceitos proposicionais, sejam eles o que forem. Mas sabemos que os conceitos proposicionais idênticos em valor de verdade são indistinguíveis nos termos desse cálculo, intersubstituíveis no que concerne a tudo que é expressável nesse calculo. Assim, o cânone da identificação dos indiscerníveis recomenda que reinterpretemos "p", "q" etc., como se referindo meramente a valores de verdade – o que era, diga-se, a interpretação que Frege dava a esse cálculo.

Quanto a mim, prefiro considerar "p", "q" etc., como letras esquemáticas ocupando o lugar de enunciados, mas sem nenhuma referência. Porém, se eles forem tratadas como se referindo a algo, a máxima vale.

Nossa máxima de identificação dos indiscerníveis é relativa a um discurso e, portanto, é vaga na medida em que a diferenciação entre discursos é vaga. Ela se aplica melhor

---

[1] Ver a seguir, p.153-60.

quando o discurso é nitidamente fechado, como o cálculo proposicional; mas o discurso geralmente se subdivide em determinado grau, e esse grau terá a tendência de determinar onde e em que grau será conveniente invocar a máxima da identificação dos indiscerníveis.

3

Voltemos agora para nossas reflexões sobre a natureza dos universais. Representamos essa categoria anteriormente com o exemplo de "vermelho" e vimos que esse exemplo podia ser tratado como um particular comum espaço-temporalmente extenso, no mesmo plano que o Caístro. O vermelho é a maior coisa vermelha do universo – a coisa total dispersa cujas partes são todas as coisas vermelhas. De maneira similar, no recente exemplo dos grupos de renda, cada grupo de renda pode ser pensado simplesmente como a coisa total espaço--temporal dispersa, feita dos estágios pessoais apropriados, os vários estágios de várias pessoas. Um grupo de renda é tão concreto quanto um rio ou uma pessoa e, assim como uma pessoa, é uma soma de estágios pessoais. Ele difere de uma pessoa apenas na medida em que os estágios pessoais que se reúnem para constituir um grupo de renda são uma seleção diferente daquela que constitui uma pessoa. Os grupos de renda se relacionam com as pessoas aproximadamente como as águas relacionam-se com os rios; lembremos de que o objeto momentâneo a fazia parte, de maneira temporal, tanto de um rio como de uma água, enquanto b fazia parte do mesmo rio, mas não da mesma água, e que c fazia parte da mesma água, mas não do mesmo rio. Até agora, portanto, a distinção entre a integração espaço-temporal e a integração conceitual parece vazia; tudo é integração espaço-temporal.

Mudemos agora para um exemplo mais artificial. Suponhamos que nosso tema consista nas regiões convexas visivelmente delineadas, pequenas e grandes, desta figura. Há 33 dessas regiões.

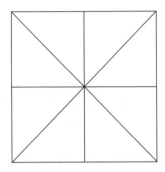

Suponhamos, além disso, que queiramos fazer um discurso segundo o qual todas as regiões geometricamente similares sejam intercambiáveis. Nossa máxima de identificação dos indiscerníveis nos leva, então, segundo os propósitos desse discurso, a falar não de similaridade, mas de identidade; ele nos leva a dizer não que x e y são similares, mas que $x = y$, reinterpretando, pois, os objetos x e y não mais como regiões, mas como formas. Assim, a multiplicidade do tema é reduzida de 33 para 5: o triângulo retângulo isósceles, o quadrado, o retângulo com lados na proporção dois por um e duas formas trapezoidais.

Cada uma dessas cinco formas é um universal. Ora, assim como reinterpretamos a cor vermelha como a coisa espaço-temporal total feita de todas as coisas vermelhas, suponhamos agora que interpretemos a forma quadrado como a região total feita da combinação de todas as cinco regiões quadradas. Suponhamos também que interpretemos a forma triângulo retângulo isósceles como a região total feita da combinação de todas as dezesseis regiões triangulares. De maneira similar, vamos supor que interpretemos a forma retângulo com lados na proporção 2:1 como a região total feita da combinação das quatro regiões retangulares na proporção 2:1; e, de maneira similar, o fazemos para as duas formas trapezoidais. É claro que isso traz dificuldades, pois nossas cinco formas se reduzem a uma: a região total. A combinação de todas as regiões triangulares resulta simplesmente na região total quadrada, a combinação de todas as regiões quadradas tem o mesmo resultado e, de maneira similar, o mesmo acontece para as outras três formas. Acabaríamos, de maneira intolerável, concluindo que as cinco formas são idênticas.

Assim, a teoria dos universais como concretos, que funcionava para o caso do vermelho, fracassa em termos gerais.[2] Podemos imaginar que os universais em geral, como entidades, insinuaram-se em nossa ontologia da seguinte forma. Primeiro, adquirimos o hábito de introduzir coisas concretas e espaço-temporalmente extensas, segundo o padrão examinado antes. O vermelho entrou, com o Caístro e os outros, como uma coisa concreta. Finalmente, triângulo, quadrado e outros universais foram introduzidos com base em uma falsa analogia com vermelho e seus congêneres.

Puramente como exercício filosófico, sem supor que haja alguma implicação psicológica ou antropológica séria em nossas reflexões, vamos agora voltar para a teoria dos objetos exteriores de Hume e dar um passo à frente. As impressões momentâneas, segundo Hume, são incorretamente identificadas umas com as outras com base na semelhança. Em seguida, para resolver o paradoxo da identidade entre

---

[2] Cf. Goodman (1951), p.46-51.

entidades temporalmente díspares, inventamos os objetos que consomem o tempo como objetos dessa identidade. Pode-se considerar que a extensão espacial, além do que é dado momentaneamente em uma impressão, é introduzida de maneira similar. A entidade vermelho, que pode ser chamada de um universal ou um particular disperso, conforme se preferir, pode ser vista como algo que entra no mesmo processo (embora já estejamos aqui indo além de Hume). As impressões de vermelho, momentaneamente localizadas, são identificadas umas com as outras, e, então, se recorre a uma entidade singular, o vermelho, como veículo dessas identidades que, de outro modo, seriam insustentáveis. Algo similar ocorre com a entidade quadrado e com a entidade triângulo. As impressões de quadrados são identificadas umas com as outras, e, então, a entidade singular quadrado é importada como veículo para a identidade e, de modo correspondente, faz-se o mesmo com o triângulo.

Até aqui não se notou nenhuma diferença entre a introdução dos particulares e a dos universais. Mas, retrospectivamente, temos de reconhecer uma diferença. Se quadrado e triângulo estivessem relacionados com os particulares originais quadrados e triangulares da mesma maneira que os objetos concretos estão relacionados com seus estágios momentâneos e seus fragmentos especiais, então quadrado e triângulo acabariam se revelando idênticos um ao outro – como se observou há pouco em termos de nosso pequeno universo artificial de regiões.

Portanto, chegamos ao reconhecimento de dois tipos diferentes de associação: o de partes concretas em um todo concreto, e o de instâncias concretas em um universal abstrato. Chegamos ao reconhecimento de uma diferença entre dois sentidos de "é": "Isto é o Caístro" *versus* "Isto é quadrado".

4

Interrompendo esta Psicologia especulativa, voltemos agora para nossa análise da ostensão de objetos espaço-temporalmente extensos, e vejamos como ela difere do que se pode chamar de ostensão de universais irredutíveis, como quadrado e triângulo. Ao explicar ostensivamente o Caístro, apontamos para a, b e outros estágios e dizemos a cada vez: "Isto é o Caístro", entendendo a identidade do objeto indicado entre cada ocasião e a seguinte. Ao explicar ostensivamente "quadrado", por outro lado, apontamos para vários particulares e dizemos a cada vez: "Isto é quadrado", *sem* atribuir identidade ao objeto indicado, entre cada ocasião e a seguinte. Esses vários gestos de apontar dão a nosso ouvinte a base para uma indução razoável quanto àquilo que, em geral, nós queremos apontar como quadrado, como, no primeiro caso, os vários gestos de apontar deram-lhe a base para uma indução razoável com relação àquilo que poderíamos querer apontar como sendo o Caístro. A diferença entre os dois casos é simplesmente que em um se supõe um objeto indicado idêntico, e, no outro, não. No segundo caso, o que se supõe ser idêntico entre um gesto de apontar e o seguinte não é o objeto indicado, mas, no máximo, um atributo de quadratidade, *compartilhado pelos* objetos indicados.

Na verdade, não há necessidade, até este ponto, de supor tais entidades como os atributos em nossa clarificação ostensiva de "quadrado". Estamos clarificando, por meio de nossos vários gestos de apontar, nosso uso das palavras "é quadrado"; mas nem se supõe um objeto quadratidade como objeto apontado, nem é necessário supor que se dispõe dele como referência da palavra "quadrado". Nada mais é requerido na explicação de "é quadrado" ou de qualquer outra expressão, a não ser que nosso ouvinte aprenda quando deve esperar que nos a apliquemos a um objeto e quando não; não é preciso que a própria expressão seja um nome em vez de um objeto separado, de qualquer tipo.

Surgiram, então, os seguintes contrastes entre os termos gerais e os termos singulares. Primeiro, as ostensões que introduzem um termo geral diferem daquelas que introduzem um termo singular, na medida em que as primeiras não atribuem identidade de objeto indicado entre as ocasiões do apontar. Segundo, o termo geral não pretende, ou não precisa pretender, ser o nome de uma entidade separada de qualquer espécie, ao passo que o termo singular precisa.

Essas duas observações não são independentes entre si. A acessibilidade de um termo a contextos de identidade foi enfatizada por Frege (1949) como o padrão segundo o qual se pode julgar se esse termo está sendo usado como um nome. Se um termo está ou não sendo usado para nomear uma entidade é algo que deve ser decidido, em qualquer contexto dado, pela observação de se esse termo é considerado ou não, nesse contexto, como sujeito do algoritmo da entidade: a lei de substituir iguais por iguais.[3]

Não se deve supor que essa doutrina de Frege esteja ligada a um repúdio das entidades abstratas. Pelo contrário, continuamos livres para admitir nomes de entidades abstratas, e, segundo o critério de Frege, essa admissão consistirá precisamente em admitir os termos abstratos para contextos de identidade sujeitos às leis regulares da identidade. O próprio Frege, diga-se de passagem, era um platonista em sua filosofia.

Acredito que seja mais evidente encarar esse passo da hipóstase de entidades abstratas como um passo adicional

---

[3] Ver adiante, p.195 et seq.

que se segue à introdução dos termos gerais correspondentes. Primeiro, podemos supor a introdução da expressão "Isto é quadrado" ou "x é quadrado" – talvez por ostensão, como foi visto antes, ou talvez por outras vias, como a definição geométrica habitual em termos gerais prévios. Em seguida, como um passo separado, derivamos o atributo *quadratidade* ou, o que quase dá no mesmo, *a classe dos quadrados*. Nesse passo, recorre-se a um novo operador fundamental, "classe de" ou "-idade".

Dou muita importância à distinção tradicional entre termos gerais e termos singulares abstratos, "quadrado" *versus* "quadratidade", por causa de uma questão ontológica: o uso do termo geral não nos obriga, por si só, a admitir uma entidade abstrata correspondente em nossa ontologia; por outro lado, o uso de um termo singular abstrato, sujeito ao comportamento típico dos termos singulares, como a lei de substituir iguais por iguais, compromete-nos diretamente com uma entidade abstrata nomeada pelo termo.[4]

É facilmente compreensível que foi precisamente por não se ter observado essa distinção que, desde o começo, as entidades abstratas adquiriram o domínio que exercem sobre nossa imaginação. A explicação ostensiva de termos gerais como "quadrado" é, como vimos, muito semelhante à dos termos singulares concretos como "Caístro" e, de fato, há casos como o de "vermelho" em que nenhuma diferença precisa ser feita. Disso deriva a tendência natural não apenas para introduzir termos gerais com termos singulares, mas também para tratá-los igualmente como nomes de entidades singulares. Essa tendência ganha força, sem dúvida, pelo fato de muitas vezes ser conveniente por razões puramente

---

[4] Ver também a seguir, p.159 et seq.

sintáticas, por exemplo, razões de ordem de palavras ou de remissão, tratar um termo geral como nome próprio.

5

O esquema conceitual em que fomos educados é uma herança eclética, e as forças que condicionaram sua evolução desde os dias do Homem de Java em diante[5] são alvo de conjecturas. As expressões relativas a objetos físicos devem ter ocupado uma posição central desde os períodos linguísticos mais remotos, porque esses objetos forneciam pontos de referência relativamente fixos para a linguagem como processo social. Os termos gerais também devem ter aparecido em um estágio remoto, porque estímulos semelhantes tendem psicologicamente a produzir respostas semelhantes; objetos semelhantes tendem a ser designados pela mesma palavra. Vimos, inclusive, que a aquisição ostensiva de um termo geral concreto se processa fundamentalmente da mesma maneira que a de um termo singular concreto. A adoção de termos singulares abstratos, trazendo consigo a postulação de entidades abstratas, é mais um passo adiante, e um passo filosoficamente revolucionário; mas vimos como esse passo, por sua vez, poderia ter sido dado sem invenção consciente.

Nós temos todas as razões para nos regozijar com a presença dos termos gerais, seja qual for sua causa. A linguagem seria impossível sem eles, e o pensamento seria reduzido

---

[5] O espírito grosseiro e preguiçoso
Do *Homo javanensis*
Podia lidar apenas com coisas concretas
E presentes aos sentidos.

a muito pouco. Quanto à admissão das entidades abstratas, no entanto, quando nomeadas pelos termos singulares abstratos, há lugar para juízos de valor divergentes. Para termos clareza é importante, em todo caso, reconhecer em sua introdução um operador adicional, "classe de" ou "-idade". Talvez, como foi sugerido há pouco, tenha sido a incapacidade de apreciar a intrusão desse operador adicional inexplicado que deu origem à crença em entidades abstratas. Mas esse problema genético é independente da questão de saber se entidades abstratas, uma vez entre nós, não são, no final das contas, uma boa coisa do ponto de vista de conveniência conceitual – ainda que sua adoção possa ter sido um feliz acidente.

De qualquer forma, uma vez que as entidades abstratas foram admitidas, nosso mecanismo conceitual vai em frente e gera uma interminável hierarquia de outras abstrações como algo natural. Pois é preciso notar, antes de tudo, que os processos ostensivos que estamos estudando não são a única maneira de introduzir termos, sejam singulares ou gerais. A maioria de nós concordará que essa introdução é fundamental; mas, uma vez que um fundo de termos ostensivamente adquiridos está à disposição, não há dificuldade em explicar discursivamente outros termos adicionais, por meio da paráfrase em complexos de termos já disponíveis. Ora, a explicação discursiva, diferentemente da ostensão, é exatamente tão útil para a definição de novos termos gerais aplicáveis a entidades abstratas como, por exemplo, "forma" ou "espécie zoológica", quanto para a definição de termos gerais aplicáveis a entidades concretas. Aplicando, então, o operador "-idade" ou "classe de" a tais termos gerais abstratos, obtemos termos singulares abstratos de segunda ordem, com a pretensão de nomear entidades como o atributo de ser uma forma ou uma espécie zoológica, ou a classe de todas as formas ou espécies zoológicas. O mesmo procedimento pode ser repetido para o nível seguinte, e assim por diante, teoricamente sem limites. É nesses níveis mais altos que as entidades matemáticas, como números, funções de números etc., encontram seu lugar, segundo as análises dos fundamentos da Matemática que se tornaram habituais de Frege em diante, passando por Whitehead e Russell.

A aparentemente fundamental indagação filosófica: "Quanto de nossa ciência é mera contribuição da linguagem e quanto é um reflexo genuíno da realidade?" talvez seja uma falsa pergunta, que surge, ela própria, inteiramente de certo tipo particular de linguagem. Certamente, nos colocaremos em uma situação difícil se tentarmos responder à pergunta porque, para isso, temos de falar sobre o mundo tanto quanto sobre a linguagem, e, para falar sobre o mundo, já temos de impor ao mundo algum esquema conceitual peculiar à nossa própria linguagem específica.

Apesar disso, não devemos cair na conclusão fatalista de que estamos condenados ao esquema conceitual em que fomos educados. Nós podemos mudá-lo pouco a pouco, peça por peça, embora, nesse meio-tempo, não haja nada para nos levar em frente a não ser o próprio esquema conceitual em evolução. A tarefa do filósofo foi corretamente comparada por Neurath à de um marinheiro que tem de reconstruir seu navio em alto-mar.

Podemos melhorar nosso esquema conceitual, nossa filosofia, pouco a pouco, ao mesmo tempo que continuamos a depender de seu apoio; mas não podemos nos afastar dela e compará-la objetivamente com uma realidade não conceituada. Por isso, não tem sentido, sugiro eu, questionar a absoluta correção de um esquema conceitual como espelho da realidade. Nosso critério para avaliar mudanças básicas do esquema conceitual tem de ser não um critério realista de correspondência com a realidade, mas um critério pragmático.[6] Os conceitos são linguagem, e a finalidade dos conceitos e da linguagem é a eficácia da comunicação e da predição. Esse é o dever último da linguagem, da ciência e da Filosofia, e é em relação a esse dever que um esquema conceitual deve, em última instância, ser avaliado.

Elegância e economia conceitual também contam como objetivo. Mas essa virtude, embora atraente, é secundária – às vezes de uma maneira, às vezes de outra. A elegância pode fazer a diferença entre um esquema conceitual psicologicamente manejável e outro, muito desajeitado para que nossas pobres mentes lidem com ele com eficiência. Quando isso ocorre, a elegância é simplesmente um meio para o fim: um esquema conceitual pragmaticamente aceitável. Mas a elegância também conta como um fim em si mesmo – o que é perfeitamente aceitável na medida em que permanece secundária sob outro aspecto; a saber, na medida em que se recorre a ela apenas nas escolhas em que o critério pragmático não prescreve nenhuma decisão. Quando a elegância não é decisiva, podemos e devemos, como poetas, procurar a elegância pela elegância.

---

[6] Sobre esse tema, ver Duhem (1906), p.34, 280, 347; ou Lowinger (1941), p.41, 121, 145.

V

NOVOS FUNDAMENTOS PARA A LÓGICA MATEMÁTICA

Os *Principia Mathematica* de Whitehead e Russell nos dão boas evidências de que toda Matemática é traduzível na Lógica. Mas isso exige a elucidação de três termos: tradução, Matemática e Lógica. As unidades de tradução são sentenças; estas compreendem enunciados e também sentenças abertas ou matrizes, isto é, expressões abstraídas de enunciados pela substituição de constantes por variáveis. Desse modo, não se afirma que todo símbolo ou combinação de símbolos da Matemática, por exemplo, "∇" ou "d/dx", pode ser relacionado diretamente a uma expressão da Lógica. Mas se afirma que cada uma dessas expressões pode ser traduzida contextualmente, isto é, que todas as sentenças que contêm tal expressão podem ser sistematicamente traduzidas em outras sentenças nas quais não consta a expressão em questão e que não contêm nenhuma nova expressão além das expressões lógicas. Essas outras sentenças serão traduções das originais no sentido de que estão de acordo com elas em matéria da verdade e da falsidade para todos os valores das variáveis.

Dada essa traduzibilidade contextual de todos os sinais matemáticos, segue-se que toda sentença, consistindo apenas de notação lógica e matemática, é traduzível em uma sentença consistindo apenas de notação lógica. Portanto, todos os princípios da Matemática, em particular, reduzem-se a princípios da Lógica – ou, ao menos, a princípios cuja formulação não necessita de nenhum vocabulário extralógico.

A Matemática, no sentido visado aqui, pode ser entendida como algo que inclui tudo o que é tradicionalmente classificado como Matemática pura. Nos *Principia*, Whitehead e Russell apresentam as estruturas das noções essenciais da teoria dos conjuntos, da Aritmética, da Álgebra e da análise baseada nas noções da Lógica. Elas também dão conta da Geometria, se pensarmos as noções geométricas como algo que se identifica com noções algébricas pelas correlações da Geometria analítica. A teoria das álgebras abstratas é derivável da lógica das relações, desenvolvida nos *Principia*.

É preciso admitir que a Lógica que gera tudo isso é um instrumento mais poderoso do que o oferecido por Aristóteles. Os fundamentos dos *Principia* são obscurecidos pela noção de função proposicional,[1] mas, se suprimimos essas funções em favor das classes e relações a que elas correspondem, chegamos a uma lógica tripla de proposições, classes e relações. As noções primitivas em termos das quais esses cálculos são, em última instância, expressos, não são noções-padrão da Lógica tradicional; ainda assim, são de um tipo que não se hesitaria em classificar como lógico.

Investigações posteriores mostraram que a gama de noções lógicas exigida é muito mais restrita do que se supunha, inclusive nos *Principia*. Precisamos apenas destas três:

---

[1] Ver adiante, p.172.

pertencimento, expresso pela interposição do sinal "∈" e pela colocação de tudo entre parênteses; *negação alternada*, expressa pela interposição do sinal " | " e pela colocação de tudo entre parênteses; e *quantificação universal*, expressa pela prefixação de uma variável entre parênteses. Toda lógica pode ser traduzida em uma linguagem que consiste apenas em uma infinidade de variáveis "x", "y", "z", "x'" etc., e esses três tipos de composição notacional.

Deve-se considerar que as variáveis tomam como valores quaisquer objetos e, entre esses objetos, devem-se incluir as classes de quaisquer objetos e, logo, as classes de quaisquer classes.

"$(x \in y)$" diz que x é um membro de y. *Prima facie*, isso faz sentido apenas se y é uma classe. No entanto, podemos entrar em acordo sobre um significado suplementar arbitrário, para o caso em que y é um *indivíduo* ou uma não classe: podemos interpretar "$(x \in y)$" nesse caso como a afirmação de que x é o indivíduo y.[2]

A forma "(— | ---)", com quaisquer enunciados escritos nos espaços, pode ser lida como "Não ambos — e ---", isto é, "Ou não — ou não ---", isto é, "Se —, então não ---". A primeira leitura é a melhor, estando menos sujeita a ambiguidades do uso em português. O enunciado composto é falso se, e somente se, ambos os enunciados componentes são verdadeiros.

O quantificador "(x)", finalmente, pode ser lido "para todo x", ou melhor, "qualquer que seja x". Assim, "$(x)(x \in y)$" significa "Tudo é um membro de y". O enunciado inteiro "(x) ---" é verdadeiro se, e somente se, a fórmula "---" à qual

---

[2] Essa interpretação, com o postulado P1 a seguir, resulta na fusão de todo indivíduo com a classe que tem esse indivíduo como único elemento, mas isso é inofensivo.

o quantificador está prefixado for verdadeira para todos os valores da variável "x".

As *fórmulas* dessa linguagem rudimentar podem ser descritas recursivamente da seguinte maneira: se forem postas quaisquer variáveis no lugar de "α" e "β" em "$(\alpha \in \beta)$", o resultado é uma fórmula; se forem postas quaisquer fórmulas no lugar de "Φ" e "ψ" em "$(\Phi \mid \psi)$", o resultado é uma fórmula; se for posta uma variável no lugar de "α" e uma fórmula no lugar de "Φ" em "$(\alpha)\ \Phi$", o resultado é uma fórmula. Fórmulas, assim descritas, são as sentenças da linguagem.

Se toda matemática é traduzível na lógica dos *Principia*, e essa lógica deve ser traduzível nessa linguagem rudimentar, então toda sentença construída inteiramente com dispositivos matemáticos e lógicos deve ser traduzível, em última instância, em uma *fórmula* no sentido que acaba de ser descrito. Tornarei visível a traduzibilidade dos *Principia*, mostrando como uma série de noções centrais dessa lógica pode ser interpretada com base nessas noções primitivas. A construção das noções matemáticas, por sua vez, pode ser deixada para os *Principia*.

As definições, que são o meio para toda essa construção de noções derivadas, devem ser vistas como convenções de abreviação notacional, estranhas ao sistema. As novas notações que elas introduzem devem ser vistas como estranhas à nossa linguagem rudimentar, e a única justificação para nossa introdução dessas notações, extraoficialmente, por assim dizer, é a garantia de sua eliminação em favor da notação primitiva. A forma em que uma definição é expressa é irrelevante, tanto que ela indica a maneira da eliminação. A finalidade das definições, em geral, é talvez a brevidade da notação; mas, no caso presente, a finalidade é sinalizar certas noções derivadas que desempenham papéis importantes nos *Principia* e em outros textos.

Ao enunciar as definições, as letras gregas "α", "β", "γ", "Φ", "ψ", "χ" e "ω" serão usadas para fazer referência às expressões. As letras "Φ", "ψ", "χ" e "ω" farão referência a quaisquer fórmulas, e "α", "β" e "γ" farão referência a quaisquer variáveis. Quando estiverem encaixadas entre sinais que pertencem à própria linguagem lógica, o todo deve se referir à expressão formada, encaixando, dessa forma, as expressões às quais as letras gregas se referem. Assim, "$(\Phi \mid \psi)$" se referirá à fórmula que é formada pela colocação das fórmulas Φ e ψ, sejam quais forem, nos respectivos espaços de "$(\quad \mid \quad)$". A própria expressão "$(\Phi \mid \psi)$" não é uma fórmula, mas um nome que descreve uma fórmula; ela é uma abreviação da descrição "a fórmula formada ao escrever um parêntese esquerdo, seguido pela fórmula Φ, seguida por uma barra, seguida pela fórmula ψ, seguida por um parêntese direito". O mesmo se aplica a "$(\alpha \in \beta)$", "$(\alpha) \Phi$", "$((\alpha) (\alpha \in \beta) \mid \Phi)$" etc. Esse uso das letras gregas não tem lugar na linguagem em discussão, mas fornece um meio de discutir essa linguagem.

A primeira definição introduz a notação habitual para a *negação*:

D1. $\sim\Phi$ para $(\Phi \mid \Phi)$

Trata-se de uma convenção por meio da qual a prefixação de "$\sim$" a qualquer fórmula Φ deve consistir na abreviação da fórmula $(\Phi \mid \Phi)$. Uma vez que, de maneira geral, a negação alternada $(\Phi \mid \psi)$ é falsa se, e somente se, Φ e ψ forem ambas verdadeiras, uma expressão $\sim\Phi$, assim definida, será falsa ou verdadeira conforme Φ seja verdadeira ou falsa. O sinal "$\sim$" pode ser lido, então, como "não" ou "é falso que".

A próxima definição introduz a *conjunção*:

D2. $(\Phi \,.\, \psi)$ para $\sim(\Phi \mid \psi)$

Uma vez que $(\Phi \mid \psi)$ é falsa se, e somente se, Φ e ψ forem verdadeiras, $(\Phi . \psi)$, assim definida, será verdadeira se, e somente se, Φ e ψ forem verdadeiras. O ponto pode ser lido como "e".

A definição seguinte introduz o chamado *condicional material*:

D3. $(\Phi \supset \psi)$ para $(\Phi \mid \sim\psi)$.

$(\Phi \supset \psi)$, assim definido, é falso se, e somente se, Φ é verdadeiro e ψ, falso. O conectivo "$\supset$" pode ser lido como "se,... então", desde que entendamos essas palavras apenas em sentido descritivo ou factual, e não infiramos nenhuma conexão necessária entre o antecedente e o consequente.

A definição seguinte introduz a *disjunção*:

D4. $(\Phi \vee \psi)$ para $(\sim\Phi \supset \psi)$.

Vê-se facilmente que $(\Phi \vee \psi)$, assim definida, é verdadeira se, e somente se, Φ e ψ não forem ambas falsas. Podemos, então, ler "$\vee$" como "ou", desde que essa palavra seja entendida no sentido que permite a verdade simultânea das alternativas.

A definição seguinte introduz o chamado *bicondicional material*:

D5. $(\Phi \equiv \psi)$ para $((\Phi \mid \psi) \mid (\Phi \vee \psi))$.

Um exame breve mostra que $(\Phi \equiv \psi)$, assim definido, é verdadeiro se, e somente se, Φ e ψ estiverem de acordo em matéria de verdade ou de falsidade. O sinal "$\equiv$" pode, pois, ser lido como "se, e somente se", desde que entendamos essa conexão apenas em um sentido descritivo, como no caso de D3.

Os dispositivos definidos até aqui são chamados *funções de verdade*, pois a verdade ou falsidade dos enunciados complexos que eles geram depende apenas da verdade ou falsidade dos enunciados constituintes. O uso da negação alternada como recurso para definir todas as outras funções de verdade se deve a Sheffer.

A definição seguinte introduz a *quantificação existencial*:

D6. $(\exists \alpha)\Phi$ para $\sim(\alpha) \sim\Phi$.

$(\exists \alpha)\Phi$ será, pois, verdadeiro se, e somente se, não for o caso que a fórmula Φ seja falsa para todos os valores da variável α: logo, se, e somente se, Φ for verdadeira para alguns valores da variável α. O sinal "$\exists$" pode, pois, ser lido como "para alguns"; "$(\exists x) (x \in y)$" significa "Para algum x, $(x \in y)$", isto é, "y tem alguns membros".

A definição seguinte introduz a *inclusão*:

D7. $(\alpha \subset \beta)$ para $(\gamma)((\gamma \in \alpha) \supset (\gamma \in \beta))$.

Assim, "$(x \subset y)$" significa que x é uma subclasse de y, ou está incluído em y, no sentido de que todo membro de x é membro de y.

A definição seguinte introduz a *identidade*:

D8. $(\alpha = \beta)$ para $(\gamma)((\alpha \in \gamma) \supset (\beta \in \gamma))$.

Assim, "$(x = y)$" significa que y pertence a toda classe a que x pertence. A adequação dessa condição definidora não se confunde com o fato de que, se y pertence a toda classe a que x pertence, então y pertence, em particular, à classe cujo único membro é x.

De maneira estrita, D7 e D8 violam a exigência da eliminabilidade unívoca; assim, ao eliminar a expressão "$(x \subset y)$" ou a expressão "$(z = w)$", não sabemos que letra escolher para o γ da definição. A escolha é indiferente para o significado, obviamente, desde que a letra escolhida seja diferente das outras variáveis; mas essa indiferença não tem de ser introduzida clandestinamente pelas definições. Suponhamos, então, uma convenção alfabética arbitrária adotada para reger a escolha dessa letra diferente no caso geral.[3]

O dispositivo a ser introduzido em seguida é a *descrição*. Dada uma condição "---" satisfeita apenas por um objeto x, a descrição "(ιx) ---" deve denotar tal objeto. O operador "(ιx)" pode, então, ser lido como "o objeto x tal que". Uma descrição "$(\iota \alpha)\ \Phi$" é introduzida formalmente apenas como parte de contextos que são definidos como totalidades, da seguinte forma:

D9. $((\iota\alpha)\ \Phi \in \beta)$ para $(\exists\gamma)((\gamma \in \beta) . (\alpha) ((\alpha = \gamma) \equiv \Phi))$.
D10. $(\beta \in (\iota\alpha)\Phi)$ para $(\exists\gamma)((\beta \in \gamma) . (\alpha)((\alpha = \gamma) \equiv \Phi))$.

Seja "---" uma condição sobre x. Então, "$(x) ((x = z) \equiv$ ---$)$" significa que qualquer objeto x é idêntico a z se, e somente se, a condição for satisfeita; em outras palavras, que z seja o único objeto x tal que ---. Então "$((\iota x)$ --- $\in y)$", seguindo sua definição em D9 como $(\exists z) ((z \in y) . (x)((x = z) \equiv$ (---$)))$", significa que y tem um membro que é o único objeto x tal que ---; logo, que y tem como membro o x tal que ---. D9 resulta,

---

[3] Desse modo, em geral podemos estipular que, quando uma definição pede variáveis no *definiens* que são suprimidos no *definiendum*, aquela que ocorre antes deve ser considerada a letra que, no alfabeto, está depois de todas as letras do *definiendum*; aquela que ocorre em seguida deve ser considerada a letra seguinte do alfabeto, e assim por diante. O alfabeto é "a", "b"... "z", "a'",... "z'", "a''"... Em particular, pois, "$(x \subset y)$" e "$(z = w)$" são abreviações de "$(z) ((z \in x) \supset (z \in y))$" e "$(\alpha')((z \in \alpha') \supset (w \in \alpha'))$".

assim, no significado pretendido. Analogamente, pretende-se que D10 seja a explicação de "($y \in (\iota x)$ ---)" como significando que y é um membro *do* x tal que ---. Se a condição "---" não é satisfeita por um e apenas um objeto x, os contextos "((ιx) --- $\in y$)" e "($y \in (\iota x)$ ---)" tornam-se, ambos, trivialmente falsos.

Contextos como $(\alpha \subset \beta)$ e $(\alpha = \beta)$, definidos para variáveis, tornam-se agora acessíveis também a descrições; assim, $((\iota\alpha)\Phi \subset \beta)$, $((\iota\alpha)\Phi \subset (\iota\beta)\psi)$, $(\beta = (\iota\alpha)\Phi)$ etc., são reduzidos a termos primitivos pelas definições D7-D8 de inclusão e identidade, com as definições D9-D10, que dão conta de $(\iota\alpha)\Phi$ etc., nos contextos de que D7-D8 dependem. Essa extensão de D7-D8 e definições similares para descrições exige apenas a convenção geral de que definições adotadas para variáveis também devem ser mantidas para descrições.

Dada essa convenção, D9 também se aplica quando se considera β uma descrição; temos, então, expressões da forma $((\iota\alpha)\Phi \in (\iota\beta)\psi)$. Mas aqui a exigência de eliminabilidade única pede uma convenção suplementar para decidir se D9 ou D10 deve ser aplicada primeiro na explicação de $((\iota\alpha)\Phi \in (\iota\beta)\psi)$. Podemos acordar arbitrariamente em aplicar D9 primeiro em tais casos. A ordem é irrelevante para o significado, exceto em casos específicos.

Entre os contextos fornecidos por nossa notação primitiva, a forma do contexto $(\alpha)\Phi$ é peculiar, pois a variável α não permite nenhuma indeterminação ou variabilidade; ao contrário, a expressão "para todo x" envolve a variável como um traço essencial, e a substituição da variável por uma constante ou expressão complexa resulta em contrassenso. As formas de contexto definidas $(\exists\alpha)\Phi$ e $(\iota\alpha)\Phi$ compartilham essa característica, pois D6 e D9-D10 reduzem tais ocorrências de α à forma do contexto $(\alpha)\Phi$. Uma variável nesse contexto é chamada *ligada*; em todos os outros, *livre*.

No que concerne à notação primitiva, as variáveis livres estão, pois, limitadas a contextos da forma $(\alpha \in \beta)$. As definições D9-D10 nos informam sobre o uso de descrições nesses contextos. As descrições são, por isso, suscetíveis de serem usadas em todas as outras formas de contexto que podem ser determinadas para variáveis livres por definição, como em D7-D8. Nossas definições, portanto, possibilitam o uso de uma descrição em qualquer posição disponível para uma variável livre. Isso é completamente adequado aos nossos propósitos, pois, como acaba de ser observado, descrições ou outras expressões complexas nunca são admitidas na posição de variáveis ligadas.

A teoria das descrições que acabo de apresentar é, em essência, a teoria de Russell, embora seja consideravelmente mais simples em seus detalhes.[4]

A próxima noção a ser introduzida é a operação de *abstração*, por meio da qual, dada a condição "---" sobre x, formamos a classe $\hat{x}$ --- cujos membros são exatamente aqueles objetos x que satisfazem a condição. O operador "$\hat{x}$" pode ser lido como "a classe de todos os objetos x tal que". A classe $\hat{x}$ --- é definível, por descrição, como a classe y à qual qualquer objeto x pertencerá se, e somente se, ---; simbolicamente,

D11. $\hat{\alpha}\Phi$ para $(\iota\beta)(\alpha)((\alpha \in \beta) \equiv \Phi)$.

Por meio da abstração, as noções da álgebra booleana de classes são definíveis exatamente como nos *Principia*: a negação $-x$ é $\hat{y} \sim (y \in x)$, a soma $(x \cup y)$ é $\hat{z}((z \in x) \lor (z \in y))$, a classe universal V é $\hat{x}(x = x)$, a classe vazia Λ é $-V$, e assim por diante. Por outro lado, a classe $\{x\}$ cujo único membro é x,

---

[4] Ver anteriormente, p.17 et seq., e a seguir, p.231 et seq.

e a classe {x, y} cujos únicos membros são x e y são definíveis da seguinte forma:

D12. {α} para $\hat{\beta}$ (β = α),
D13. {α, β} para $\hat{\gamma}$ ((γ = α) ∨ (γ = β)).

As *relações* podem ser introduzidas simplesmente como classes de pares ordenados, se pudermos chegar a definir esses pares. Obviamente, qualquer definição será adequada a esse propósito se mantiver a distinção dos pares (x; y) e (z; w) em todos os casos, exceto quando x é z e y é w. Uma definição que claramente satisfaz essa exigência foi dada por Kuratowski:[5]

D14. (α; β) para {{α}, {α, β}}.

Isto é, o par (x; y) é uma classe que tem dois membros; uma dessas classes tem x como único membro, e a outra tem x e y como únicos membros.

Em seguida, podemos introduzir a operação de *abstração relacional*, por meio da qual, dada uma condição "---" sobre x e y, formamos a relação x̂ŷ--- que qualquer coisa x mantém como qualquer coisa y se e somente x e y satisfazem a condição. Uma vez que as relações devem ser tomadas como classes de pares ordenados, a relação x̂ŷ--- é descritível como a classe de todos os pares (x; y) tais que ---; simbolicamente,

D15. $\hat{\alpha}\hat{\beta}\,\phi$ para $\hat{\gamma}(\exists\alpha)(\exists\beta)((\gamma = (\alpha;\beta))\,.\,\phi)$.

---

[5] A primeira definição a esse respeito deve-se a Wiener, mas ela difere no detalhe em relação à atual..

A expressão "x mantém relação z com y" não precisa de nenhuma definição especial, pois ela se torna simplesmente "$((x; y) \in z)$".[6]

Foram apresentas definições suficientes para tornar as noções da lógica matemática acessíveis diretamente por meio das definições dos *Principia*. Voltemo-nos para a questão dos teoremas. O procedimento a ser seguido em um sistema formal de lógica matemática consiste em especificar certas fórmulas que devem representar os teoremas iniciais e especificar também certas conexões inferenciais por meio das quais outra fórmula é determinada como teorema, dadas certas fórmulas (finitas em número) relacionadas de modo apropriado como teoremas. As fórmulas iniciais podem ser ou listadas individualmente, como postulados, ou caracterizadas de um modo geral; mas essa caracterização tem de se basear apenas em tais características. A derivação de teoremas, então, procede por passos de comparação notacional de fórmulas.

As fórmulas que se quer como teoremas são, obviamente, apenas aquelas *válidas* sob as interpretações atribuídas aos sinais primitivos – válidas no sentido de serem ou enunciados verdadeiros ou sentenças abertas que são verdadeiras para todos os valores das variáveis livres. Na medida em que toda lógica e toda matemática são exprimíveis nessa linguagem primitiva, as fórmulas válidas recobrem pela tradução todas as sentenças válidas da Lógica e da Matemática. Gödel (1931) mostrou, no entanto, que essa totalidade de princípios não pode nunca ser exatamente reproduzida pelos teoremas

---

[6] O tratamento anterior das relações diádicas pode ser imediatamente estendido para relações de qualquer grau superior. Pois uma relação triádica x, y e z pode ser tratada como uma relação diádica de x com o par $(y; z)$; uma relação tetrádica x, y, z e w pode ser, por sua vez, tratada como uma relação triádica de x, y e o par $(z; w)$, e assim por diante.

de um sistema formal, no sentido do "sistema formal" que acaba de ser descrito. A adequação de nossa sistematização tem, então, de ser medida por algum padrão aquém da totalidade das fórmulas válidas. Um padrão exato é fornecido pelos *Principia*, pois sua base é presumivelmente adequada para a derivação de toda teoria matemática codificada, exceto por uma margem que requer o axioma da infinitude e o axioma da escolha como hipóteses adicionais.

O sistema a ser apresentado aqui é adequado ao padrão adotado e abrange um postulado: o *princípio de extensionalidade*:

P1. $((x \subset y) \supset ((y \subset x) \supset (x = y)))$,

segundo o qual uma classe é determinada por seus membros. Ele também abrange três regras que especificam conjuntos inteiros de fórmulas que devem representar os teoremas iniciais:

R1. $((\phi \mid (\psi \mid \chi)) \mid ((\omega \supset \omega) \mid ((\omega \mid \psi) \supset (\phi \mid \omega))))$ é um teorema.

R2. Se ψ é idêntico a ϕ exceto pelo fato de β ocorrer em ψ como uma variável livre onde α ocorre em ϕ como uma variável livre, então $((\alpha)\phi \supset \psi)$ é um teorema.

R3. Se "x" não ocorre em ϕ, $(\exists x)(y)((y \in x) \equiv \phi)$ é um teorema.

Essas regras devem ser entendidas como algo que se aplica a todas as fórmulas ϕ, ψ, χ e ω, e a todas as variáveis α e β.

Finalmente, o sistema abrange duas regras que especificam as conexões inferenciais:

R4. Se ϕ e $(\phi \mid (\psi \mid \chi))$ são teoremas, então χ também o é.

R5. Se $(\phi \supset \psi)$ é um teorema, e α não é uma variável livre de ϕ, então $(\phi \supset (\alpha)\psi)$ é um teorema.

R1 e R4 são uma adaptação do cálculo proposicional sistematizado por Nicod e Łukasiewicz. Juntas, R1 e R4 fazem que sejam teoremas todas e apenas aquelas fórmulas válidas somente em virtude de sua estrutura em termos das funções de verdade.

R2 e R5 contribuem para a técnica de manipulação do quantificador.[7] As regras R1, R2, R4 e R5 fazem que sejam teoremas todas e apenas aquelas fórmulas válidas somente em virtude de sua estrutura em termos de funções de verdade e quantificação.

P1 e R3, finalmente, se ocupam especificamente da relação de pertencimento. R3 pode ser chamada de *princípio de abstração*; ela faz que, dada qualquer condição "---" sobre y, haja uma classe x (a saber, $\hat{y}$---) cujos membros são exatamente aqueles objetos y tal que ---. Mas vê-se claramente que esse princípio leva a uma contradição, pois R3 resulta no teorema:

$$(\exists x)(y)((y \in x) \equiv \sim(y \in y)).$$

---

[7] R5 responde à primeira parte da regra (γ) de Bernay, em Hilbert e Ackermann (1928, 1938, 1949), cap.3, §5, e R2 substitui (e) e (α).

Tomemos agora y em particular como x. Esse passo, imediato para a lógica intuitiva, pode ser realizado formalmente pelo uso apropriado de R1, R2, R4 e R5. Assim, temos o teorema autocontraditório:

$$(\exists x)((x \in x) \equiv \sim(x \in x)).$$

Essa dificuldade, conhecida como paradoxo de Russell, foi superada nos *Principia* pela teoria dos tipos de Russell. Simplificada para ser aplicada ao nosso sistema, a teoria funciona da seguinte maneira: devemos pensar todos os objetos como estando estratificados nos chamados tipos tais que o tipo mais baixo compreende os indivíduos, o seguinte compreende classes de indivíduos, o seguinte compreende classes de tais classes, e assim por diante. Em todos os contextos, deve-se considerar que cada variável admite apenas valores de um único tipo. Finalmente, impõe-se a regra segundo a qual $(\alpha \in \beta)$ deve ser uma fórmula apenas se os valores de β forem do nível imediatamente superior a α; do contrário, não se reconhece $(\alpha \in \beta)$ nem como verdadeira nem como falsa, mas como sem significado.[8]

Em todos os contextos, os tipos apropriados às diversas variáveis são, na verdade, deixados sem especificação; o contexto permanece sistematicamente ambíguo, no sentido de que os tipos de suas variáveis podem ser interpretados de qualquer maneira que se conforme à exigência de que "$\in$" conecta duas variáveis apenas de tipos consecutivamente ascendentes. Uma expressão que seria uma fórmula sob nosso esquema original será, desse modo, rejeitada

---

[8] Em particular, então, β no contexto $(\alpha \in \beta)$ não pode tomar indivíduos como valores. As considerações que levaram à nota na p.119, são, pois, eliminadas pela teoria dos tipos.

como sem significado por uma teoria dos tipos apenas se não houver alguma forma de atribuir tipos às variáveis em conformidade com essa exigência acerca de "$\in$". Assim, uma fórmula, em nosso sentido original do termo, sobreviverá à teoria dos tipos se for possível colocar numerais no lugar das variáveis de tal forma que "$\in$" venha a ocorrer apenas em contextos da forma "$n \in n + 1$". As fórmulas que passarem nesse teste serão chamadas de *estratificadas*. Desse modo, as fórmulas "$(x \in y)$" e "$((x \in z) \mid (y \in z))$" são estratificadas, enquanto "$(x \in x)$" e "$((y \in x) \mid ((z \in y) \mid (z \in x)))$" não são. Deve-se lembrar de que abreviações notacionais são externas ao sistema formal, e, consequentemente, devemos expandir uma expressão na notação primitiva antes de fazer o teste de estratificação. Desse modo, "$(x \subset x)$" acaba sendo estratificada, mas "$((x \in y) . (x \subset y))$" não.[9]

Impor a teoria dos tipos ao nosso sistema consiste em expurgar a linguagem de qualquer fórmula não estratificada, interpretando, desse modo, ϕ, ψ etc., em R1-R5 como fórmulas estratificadas e adicionando a hipótese uniforme de que a expressão a ser inferida como um teorema é igualmente estratificada. Essa maneira de proceder elimina o paradoxo de Russell e os paradoxos relacionados, prevenindo o uso desastroso de fórmulas não estratificadas como "$\sim(y \in y)$" para ϕ em R3.

Mas a teoria dos tipos tem consequências não naturais e inconvenientes. Como a teoria permite que uma classe tenha

---

[9] Se uma letra α aparecer em ϕ tanto como uma variável livre quanto ligada a diferentes quantificadores, podemos, ao aplicar o teste da estratificação em ϕ, tratar α como se fosse uma letra diferente em cada um desses papéis. Mas note-se que essa interpretação convenientemente liberal da estratificação não é necessária, pois o mesmo resultado pode ser alcançado usando, desde o início, letras diferentes em ϕ. A última orientação exigiria a revisão da convenção nota à p.85.

membros apenas de um tipo uniforme, a classe universal V dá lugar a uma série infinita de classes quase universais, uma para cada tipo. A negação $-x$ deixa de compreender todos os não membros de x, e compreende apenas os não membros de x que são do tipo imediatamente inferior quanto ao tipo x. Até mesmo a classe vazia Λ dá lugar a uma série infinita de classes vazias. A álgebra de classes booleana já não se aplica a classes em geral, mas é, antes, reproduzida dentro de cada tipo. O mesmo é verdade acerca do cálculo de relações. Até mesmo a Aritmética, quando introduzida por definições baseadas na Lógica, revela-se sujeita à mesma reduplicação. Desse modo, os números deixam de ser únicos; um novo zero aparece para cada tipo, igualmente um novo 1, e assim por diante, como no caso de V e Λ. Não apenas todas essas distinções e reduplicações são intuitivamente repugnantes, mas exigem continuamente manobras técnicas mais ou menos elaboradas para restabelecer conexões rompidas.

Vou sugerir agora um método de evitar as contradições sem aceitar a teoria dos tipos ou as consequências desagradáveis que ela implica. Enquanto a teoria dos tipos evita as contradições excluindo inteiramente da linguagem fórmulas não estratificadas, podemos alcançar o mesmo objetivo, continuando a tolerar fórmulas não estratificadas, simplesmente limitando explicitamente R3 a fórmulas estratificadas. Com esse método, abandonamos a hierarquia dos tipos e consideramos as variáveis como não restritas no alcance. Consideramos que nossa linguagem lógica compreende todas as fórmulas, no sentido originalmente definido; e os ϕ, ψ etc., das nossas regras podem ser tomados como quaisquer fórmulas nesse sentido. Mas a noção de fórmula estratificada, explicada apenas em termos da substituição de variáveis por numerais e desprovida de toda conotação de tipo, sobrevive em um ponto: substituímos R3 pela regra mais fraca:

R3'. Se ϕ é estratificada e não contém "x", $(\exists x)(y)((y \in x) \equiv \phi)$ é um teorema.

No novo sistema, há apenas uma álgebra booleana de classes geral; a negação $-x$ compreende tudo o que não pertence a x; a classe vazia Λ é única; e também o é a classe V, à qual pertence absolutamente tudo, incluindo a própria V.[10] O cálculo de relações reaparece como um cálculo único que trata das relações sem restrição. Do mesmo modo, os números recuperam sua unicidade e a Aritmética, sua aplicabilidade geral como cálculo único. As manobras técnicas especiais exigidas pela teoria dos tipos tornam-se, consequentemente, supérfluas.

Com efeito, uma vez que o novo sistema difere do sistema incoerente original pela substituição de R3 por R3', a única restrição que distingue o novo sistema do sistema original é a falta de qualquer garantia de existência de classes como $\hat{y}\,(y \in y)$, $\hat{y}\sim(y \in y)$ etc., cujas fórmulas definidoras são estratificadas. No caso de algumas fórmulas não estratificadas, a existência de classes correspondentes ainda é, na verdade, demonstrável por meios tortuosos; assim R3' resulta em:

---

[10] Uma vez que tudo pertence a V, todas as subclasses de V podem ser correlacionadas com os membros de V, a saber, elas próprias. Tendo em vista, então, a prova de Cantor de que as subclasses de uma classe k não podem ser todas elas correlacionadas com os membros de k, elas podem esperar derivar uma contradição. Não é evidente, no entanto, que isso possa ser feito. A *reductio ad absurdum* de Cantor de tal correlação consiste em formar a classe h desses membros da classe original k que não pertencem às subclasses às quais elas estão correlacionadas. Uma vez que, no presente caso, k é V e o correlato de uma subclasse é essa própria subclasse, a classe h se torna a classe de todas as subclasses de V que não pertencem a si mesmas. Mas R3' não permite tal classe h. Com efeito, h seria $\hat{y}\sim(y \in y)$, cuja existência é desmentida pelo paradoxo de Russell. Para mais sobre esse tópico, ver Quine (1937a).

$$(\exists x)(y)((y \in x) \equiv ((z \in y) \mid (y \in w))),$$

e, com base nisso, podemos, pelas outras regras, chegar à inferência substitucional

(1) $(\exists x)(y)((y \in x) \equiv ((z \in y) \mid (y \in z)))$,

que afirma a existência de uma classe $\hat{y}\,((z \in y) \mid (y \in z))$, cuja fórmula definidora não é estratificada. Mas presume-se que não possamos provar a existência de classes que correspondam a certas fórmulas não estratificadas, incluindo aquelas que procedem do paradoxo de Russell e contradições parecidas. Dentro de um sistema, obviamente, essas contradições podem ser usadas para desmentir a existência das classes em questão por *reductio ad absurdum*.

A demonstrabilidade de (1) mostra que o poder dedutivo desse sistema supera o dos *Principia*. Um caso ainda mais impressionante, no entanto, é o axioma da infinitude, com o qual os *Principia* têm de ser suplementados para derivar alguns princípios matemáticos aceitos. O axioma afirma que há uma classe com infinitamente muitos membros. Mas, no sistema atual, essa classe está disponível sem a ajuda do axioma, a saber, a classe V, ou $\hat{x}\,(x = x)$. A existência de V é garantida por R3'; e também o é a existência de infinitamente muitos membros de V, a saber, Λ, $\{\Lambda\}$, $\{\{\Lambda\}\}$, $\{\{\{\Lambda\}\}\}$, e assim por diante.

Observações adicionais

Nas páginas anteriores, o uso dos parênteses para indicar agrupamentos de fórmulas foi introduzido como parte integrante de diferentes notações, primitivas e definidas. O agrupamento é, desse modo, indicado automaticamente, sem a necessidade de convenções suplementares. Mas esse procedimento, simples na teoria, dá origem a um acúmulo de parênteses que é conveniente e costumeiro reduzir a um mínimo visível. Por isso, no que se segue, os parênteses serão omitidos exceto onde a ambiguidade puder aparecer; logo, para facilitar a leitura, os parênteses sobreviventes serão alternados com colchetes. Mas o estilo mais mecânico das páginas anteriores pode, por sua simplicidade teórica, continuar a ser considerado a notação estrita e literal.

A notação primitiva subjacente ao desenvolvimento anterior da Lógica era tripla, compreendendo as notações de pertencimento, negação alternada e quantificação universal. Ora, é importante notar que essa escolha dos primitivos não era nem necessária, nem mínima. Poderíamos ter trabalhado com apenas dois: as notações da inclusão e da abstração, definidas em D7 e D11. Pois, tomando essas duas como ponto de partida, poderíamos retomar as antigas três por meio da seguinte série de definições, em que "ζ" e "η" devem ser entendidas como se referindo a quaisquer variáveis e também a quaisquer termos formados por abstração.

$$\phi \supset \psi \text{ para } \hat{\alpha}\phi \subset \hat{\alpha}\psi,$$
$$(\alpha)\phi \text{ para } \hat{\alpha}(\phi \supset \phi) \subset \hat{\alpha}\phi,$$
$$\sim\phi \text{ para } (\beta)(\hat{\alpha}\phi \subset \beta),$$
$$\phi \mid \psi \text{ para } \phi \supset \sim\psi,$$
$$\phi \cdot \psi \text{ para } \sim(\phi \mid \psi),$$
$$\zeta = \eta \text{ para } \zeta \subset \eta \cdot \eta \subset \zeta,$$
$$\{\zeta\} \text{ para } \hat{\alpha}(\alpha = \zeta),$$
$$\zeta \in \eta \text{ para } \{\zeta\} \subset \eta.$$

A primeira e a terceira das definições anteriores envolvem um truque especial. A variável α não é livre em ϕ ou ψ; isso é garantido pela convenção notada anteriormente, no comentário a D7 e D8. Assim, $\hat{\alpha}\phi$ e $\hat{\alpha}\psi$ são abstratos "vazios", como "$\hat{x}(7 > 3)$". Ora, podemos verificar pela antiga definição D11 da abstração que abstratos vazios denotam V ou Λ conforme os enunciados dentro deles sejam verdadeiros ou falsos. Assim, $\phi \supset \psi$, tal como definido anteriormente, diz, na verdade, que $V \subset V$ (se ϕ e ψ são verdadeiros) ou $\Lambda \subset V$ (se ϕ é falso e ψ é verdadeiro) ou $V \subset \Lambda$ (se ϕ é verdadeiro e ψ é falso) ou $\Lambda \subset \Lambda$ (se ϕ e ψ são ambos falsos). A definição, consequentemente, torna $\phi \supset \psi$ verdadeiro ou falso, nos casos apropriados. Por sua vez, a definição de $\sim\phi$ diz que a classe nomeada pelo abstrato vazio $\hat{\alpha}\,\phi$ está incluído em qualquer classe, isto é, que ele é Λ; então, $\sim\phi$ recebe o sentido normal da negação. Vê-se facilmente que as outras seis definições dão às notações definidas os sentidos pretendidos.

Normalmente, em Lógica, consideramos que a inclusão se aplica apenas a classes; então uma questão se coloca com relação à interpretação pretendida de "$x \subset y$", como notação primitiva do novo sistema em que x e y são indivíduos. Mas a resposta já está implícita em D7 do sistema anterior. Se analisarmos D7 à luz das observações acerca de "$x \in y$" no início do ensaio, vemos que "$x \subset y$" resulta em "$x = y$" para indivíduos.

A fundação pela inclusão e pela abstração é mais elegante do que a tripla fundação anterior, mas a fundação tripla tem certas vantagens. Uma é a facilidade com que podemos passar de R3 a R3' e abandonar a teoria dos tipos. Pois, se a abstração for definida como em D11, estamos prontos para descobrir que um termo formado a partir de uma sentença por abstração algumas vezes falha ao nomear uma classe; e isso é obviamente o que acontece no sistema baseado em R3'. Mas se a abstração for primitiva, é menos natural admitir que um termo formado por abstração falhe ao nomear. Isso não é impossível, no entanto, e, de fato, está disponível um conjunto mais compacto de axiomas e regras para a lógica fundamentada na inclusão e na abstração sem tipos.[11]

Uma segunda vantagem da fundação tripla é que as três notações primitivas correspondem às três partes da Lógica que é conveniente desenvolver sucessivamente: a teoria das funções de verdade, a teoria da quantificação e a teoria das classes. Assim, na lógica exposta nas páginas anteriores deste ensaio, os princípios próprios à teoria das funções de verdade são dados por R1 e R4; a teoria da quantificação é complementada pela adição de R2 e R5; e P1 e R3' (ou R3) pertencem à teoria das classes. No sistema fundamentado na inclusão e na abstração, as três partes da Lógica são forçadas a se fundir em uma única fundação composta. Uma razão para preferir desenvolver em separado as três partes mencionadas da Lógica está em seus contrastes metodológicos: a primeira parte tem um procedimento de decisão, a segunda é completível, mas não tem procedimento de decisão, e a terceira não é completível.[12] Uma segunda razão é que, enquanto as duas primeiras partes podem ser desenvolvidas de tal forma que não pressuponham classes ou nenhum outro tipo especial de entidades, a terceira parte não pode;[13] a separação das partes, portanto, tem a virtude de separar os compromissos ontológicos. Uma terceira razão é que, enquanto as duas primeiras partes estão estabelecidas no essencial, a terceira parte – a teoria das classes – está em estado especulativo. Para fazer uma comparação das numerosas teorias das classes alternativas dadas atualmente ou ainda

---

[11] Nas últimas páginas de Quine (1938). Para uma sistematização envolvendo tipos, ver Quine (1937b).
[12] Explico esses pontos, sobretudo, em Quine (1950), p.82, 190, 245 et seq.
[13] Ver próximo ensaio.

por serem definidas, convém estarmos preparados para aceitar o solo comum da teoria das funções de verdade e a teoria da quantificação, e nos concentrarmos nas variações da teoria das classes propriamente dita. Os principais sistemas alternativos da teoria das classes, que não envolvem tipos, podem ser obtidos apenas variando R3'.

Uma desses sistemas, o de Zermelo, data de 1908. Sua principal característica é a regra de *Aussonderung*:

R3". Se ϕ não contém "x", $(\exists x)(y)[y \in x \equiv (y \in x \cdot \phi)]$ é um teorema.

Dada de antemão qualquer classe z, R3" garante a existência da classe daqueles membros de z que satisfazem qualquer condição desejada ϕ, estratificada ou não. A regra nos permite argumentar a favor da existência de classes contidas a partir de classes continentes, mas não nos dá nenhuma classe para começar (exceto Λ, que é obtida por tomar ϕ para todos os valores de "y"). Desse modo, Zermelo tem de complementar R3" com outros postulados de existência de classes. Por isso, ele adiciona postulados especiais garantindo a existência de

(2) $\{x, y\}$, $\hat{x}(\exists y)(x \in y \cdot y \in z)$, $\hat{x}(x \subset y)$.

Para essa teoria, V não pode existir, pois, se z em R3" for tomado como V, R3" se reduziria a R3 e levaria, portanto, ao paradoxo de Russell. Também $-z$ não pode existir para qualquer z, pois, se $-z$ existisse, então, tendo em vista (2), $\{z, -z\}$ também existiria, e, logo, também $\hat{x}(\exists y)$ $(x \in y \cdot y \in \{z,-z\})$, que é V. Para o sistema de Zermelo, nenhuma classe compreende mais do que uma porção infinitesimal do universo do sistema.

Outro sistema, elaborado por von Neumann,[14] divide o universo em coisas que podem ser membros e coisas que não podem. Os primeiros chamarei de elementos. Postulados de elementaridade são adotados para tal tipo a fim de garantir, de fato, que o que existe para Zermelo são elementos para von Neumann. Outros postulados são adotados para a existência de classes em geral, elementos e outras coisas. O resultado desses postulados é garantir a existência de classes de todos os *elementos* que satisfazem qualquer condição ϕ cujas variáveis ligadas estão restritas a elementos como valores.

Ao longo dos anos, desde que a parte principal do presente ensaio foi publicada pela primeira vez, o sistema fundado em P1, R1-R2, R3' e R4-R5 começou a ser referida na literatura como NF (para "Novos fundamentos"); adotemos esse uso. NF tem algumas vantagens evidentes sobre o sistema de Zermelo, tanto a respeito de quais classes existem para ele quanto a respeito do caráter direto de suas regras de existência de classes, que tornam óbvias construções laboriosas. O sistema de von Neumann tem, de fato, vantagens iguais ou maiores acerca do tema da existência de classes; seja qual for o caráter laborioso que se prende às provas da existência de classes no sistema de Zermelo, no entanto, ele mantém as provas de elementaridade do sistema de von Neumann.

Ora, ocorre que podemos multiplicar nossas vantagens e chegar a um sistema ainda mais forte e conveniente ao modificar NF de uma maneira parecida com a usada por von Neumann para modificar o sistema de Zermelo. O sistema resultante, que é o do meu *Mathematical Logic* [*Lógica matemática*],[15] vou chamar de LM. Nele, R3' de NF é substituído por duas

---

[14] Seu sistema foi exposto por Bernays (1937, 1941, 1942, 1943, 1948) sob uma forma mais parecida com a do presente ensaio.

[15] Edição revista, que incorpora uma importante correção feita por Wang.

regras, uma da existência de classes e uma de elementaridade. A regra da existência de classes garante a existência das classes de todos os *elementos* que satisfazem qualquer condição ɸ, estratificados ou não; simbolicamente, pode-se expô-la como R3" com "y ∈ z" modificado para "(∃y) (y ∈ z)". A regra de elementaridade é tal que garante a elementaridade exatamente daquelas classes que existem para NF.

A superioridade de LM sobre NF pode muito bem ser ilustrada se nos concentramos brevemente no tema dos números naturais, isto é, 0, 1, 2, 3... Suponhamos que, de alguma forma, definimos 0 e $x + 1$. Então devemos, seguindo Frege (1950), definir um número natural como qualquer coisa que pertence a toda classe y tal que y contenha 0 e contenha $x + 1$ se ela contém x. Isto é, dizer que z é um número natural é dizer que

(3) $(y)([0 \in y . (x) (x \in y \supset x + 1 \in y)] \supset z \in y)$.

Obviamente, (3) se torna verdadeira quando z é tomado como qualquer 0, 1, 2, 3... De maneira inversa, como se pode argumentar, (3) se torna verdadeiro apenas quando z é tomado como 0 ou 1 ou 2 ou 3 ou...; e o argumento para isso consiste em tomar o y de (3) em particular como a classe cujos membros são exatamente 0, 1, 2, 3... Mas esse último argumento é válido para NF? Em um sistema como NF, em que algumas classes presumidas existem e outras não, podemos nos perguntar se *há* uma classe cujos membros são todos e apenas 0, 1, 2, 3... Se não houver, então (3) deixa de ser uma tradução adequada de "z é um número natural"; (3) se torna verdadeira de outros valores de "z" além de 0, 1, 2, 3... Em LM, por outro lado, em que 0, 1, 2, 3... são elementos e todas as classes de elementos são consideradas existentes, tal dilema não se coloca.

O dilema que acaba de ser colocado em termos intuitivos reaparece, em NF, no nível da prova formal em relação à *indução matemática*. A indução matemática é a lei que diz que qualquer condição ϕ que vale para 0 e vale para $x + 1$ sempre que valer para x, vale para todo número natural. A prova lógica dessa lei procede simplesmente pela definição "z é um número natural" como (3) e, então, tomando y em (3) como a classe das coisas que satisfazem ϕ. Mas essa prova falha em NF para ϕ não estratificado, em função da ausência de qualquer garantia de que haja uma classe exatamente das coisas que satisfazem ϕ. Em LM, por outro lado, não há tal falha, pois, dado qualquer ϕ, estratificado ou não, LM garante a existência da classe de todos aqueles elementos que satisfazem ϕ.

A indução matemática com respeito a um ϕ não estratificado pode ser importante. Ocorre, por exemplo, na prova de que não há um último número natural, isto é, $z \neq z + 1$ para todo z que satisfaça (3). Esse teorema é dado em LM (†677) e é equivalente a dizer (†670) que Λ não satisfaz (3). Em NF, podemos provar cada "$\Lambda \neq 0$", "$\Lambda \neq 1$", "$\Lambda \neq 2$", "$\Lambda \neq 3$"... e que cada "$0 \neq 1$", "$1 \neq 2$", "$2 \neq 3$"... *ad infinitum*; mas não há em NF nenhuma maneira de provar que Λ não satisfaz (3), ou de provar que $z \neq z + 1$ para todo z que satisfaça (3).[16]

Assim, LM deveria parecer essencialmente mais forte do que NF. Ora, quanto mais força, mais risco de inconsistência escondida. O perigo é real. A primeira teoria das classes completa e rigorosamente desenvolvida, a de Frege, era inconsistente, como mostrou o paradoxo de Russell.[17] Diferentes teorias das classes mais recentes mostraram-se, por meio de provas mais sutis e laboriosas, igualmente inconsistentes;

---

[16] Para mais sobre esse assunto, ver Quine (1953) e as referências ali existentes a Rosser e Wang.

[17] Ver Frege (1950), v.2, apêndice.

tal foi, em particular, o destino de uma versão anterior do próprio LM.[18] É importante, portanto, procurar provas de consistência – embora devamos reconhecer que qualquer prova de consistência é relativa, no sentido de que não podemos ter mais confiança nela do que temos na consistência do sistema lógico dentro do qual a prova de consistência é, ela própria, conduzida.

É particularmente gratificante, portanto, notar que Wang mostrou que LM é consistente se NF for consistente. Isso significa que não há nenhuma razão para não aproveitarmos toda a grandiosidade de LM em relação a NF. Ao mesmo tempo, isso produz um interesse persistente em NF como meio para chegar a mais evidências da consistência de LM, pois NF, sendo mais fraco, deveria se prestar mais facilmente a novas provas de consistência relativa do que LM. Seria encorajador encontrar uma prova, por exemplo, de que NF é consistente se o sistema de von Neumann, ou melhor, o de Zermelo, for consistente.

Outra indicação de que NF é mais fraco do que LM, e de que deveria se prestar mais facilmente a novas provas de consistência relativa, pode ser vista no fato de que R3' – que é, na verdade, um amontoado infinito de postulados – é equivalente, como mostrou Hailperin, a uma lista finita de postulados. Eles são 11, mas o número não é significativo quando finito, pois eles podem ser escritos usando a conjunção, como um, incluindo P1. Isso significa que NF se reduz apenas à teoria das funções de verdade e à teoria da quantificação acrescida de um único postulado da teoria das classes. Por outro lado, não se descobriu nenhuma maneira de reduzir

---

[18] Ver Rosser (1942) e também Kleene e Rosser (1935).

LM à teoria das funções de verdade, à teoria da quantificação e a uma lista de postulados da teoria das classes.

    Sugeriu-se, algumas páginas atrás, que LM está para NF assim como o sistema de von Neumann está para o de Zermelo. Mas é preciso notar que LM supera o sistema de von Neumann na questão de existência de classes. LM garante a existência de classes de elementos que satisfazem qualquer condição ϕ, ao passo que, no sistema de von Neumann, a existência de classes está sujeita à condição de que as variáveis ligadas ϕ sejam restringidas a elementos. Essa é uma restrição importante, pois uma consequência disso é que o sistema de von Neumann está sujeito, como Mostowski mostrou, à dificuldade em relação à indução matemática que foi notada anteriormente para NF. De certa forma, portanto, o sistema de von Neumann corresponde em força mais a NF do que a LM. Essa correspondência também é sugerida pelo fato de que o sistema de von Neumann assemelha-se a NF por ser derivável a partir de um conjunto finito de postulados além da teoria das funções de verdade e da quantificação. Assim, LM se destaca como uma teoria das classes curiosamente forte. A prova de Wang para a consistência de LM relativamente a NF é, por essa razão, ainda mais bem-vinda.

VI

A LÓGICA E A REIFICAÇÃO DOS UNIVERSAIS

1

Há aqueles que pensam que nossa habilidade para entender termos gerais e para ver um objeto concreto como semelhante a outro seria inexplicável se não houvesse universais como objetos de apreensão. E há aqueles que não conseguem perceber, nesse apelo a um reino de entidades para além dos objetos concretos, nenhum valor explicativo.

Sem resolver a questão, deveria, ainda assim, ser possível apontar certas formas de discurso que pressupõem *explicitamente* entidades de uma ou outra espécie, universais, por exemplo, e que pretendem dar conta delas; e deveria ser possível apontar outras formas de discurso que pressupõem explicitamente essas entidades. É necessário algum critério para cumprir esse propósito, algum padrão de compromisso ontológico, se quisermos dizer significativamente que uma teoria depende da admissão de tais e tais objetos ou a dispensa. Ora, dissemos anteriormente[1] que esse critério deve ser

---

[1] Ver p.26 et seq.

encontrado não nos termos singulares de um dado discurso, não nos pretensos nomes, mas sim na quantificação. Nós nos ocuparemos nestas páginas com um exame mais detido desse ponto.

Os quantificadores "(∃x)" "(x)" significam "há uma entidade x tal que" e "toda entidade x é tal que". A letra "x" aqui, chamada de variável ligada, é como um pronome; ela é usada no quantificador para marcar nele uma remissão, e depois ela é usada no texto que se segue para se referir retrospectivamente ao quantificador apropriado. A conexão entre quantificação e entidades fora da linguagem, sejam elas universais ou particulares, consiste no fato de que a verdade ou falsidade de um enunciado quantificado normalmente depende em parte daquilo que admitimos no domínio das entidades invocadas pelas expressões "uma entidade x" e "toda entidade x" – o chamado domínio dos valores da variável. Que a Matemática clássica trate dos universais ou afirme que há universais significa simplesmente que a Matemática clássica requer universais como valores de suas variáveis ligadas. Quando dizemos, por exemplo,

(∃x) (x é primo . x > 1.000.000),

estamos dizendo que *há* alguma coisa que é primo e excede um milhão; e uma tal entidade é um número, logo, um universal. Em geral, *entidades de um dado tipo são admitidas por uma teoria se, e somente se, algumas delas tiverem de ser incluídas entre os valores das variáveis para que os enunciados afirmados na teoria sejam verdadeiros.*

Não estou sugerindo uma dependência do ser em relação à linguagem. O que está em questão não é o estado ontológico de coisas, mas os compromissos ontológicos de um discurso. O que há não depende em geral do uso que se faz da linguagem, mas o que se diz que há depende.

O critério de compromisso ontológico anteriormente citado aplica-se em primeira instância, ao discurso, e não aos homens. Uma maneira pela qual um homem pode não ter interesse nos compromissos ontológicos de seu discurso é, obviamente, assumindo uma atitude de frivolidade. O pai que conta a história da Cinderela não está mais comprometido com a admissão de uma fada madrinha e uma carruagem de abóbora em sua própria ontologia do que com a admissão da verdade da história. Outro caso mais sério em que um homem se desobriga dos compromissos ontológicos de seu discurso é o seguinte: ele mostra como um uso particular que faz da quantificação, envolvendo o compromisso *prima facie* com certos objetos, pode ser desdobrado em uma expressão livre de tais compromissos. (Ver, por exemplo, §4 a seguir.) Nesse caso, os objetos aparentemente pressupostos podem justamente ser considerados ficções convenientes, modos de falar.

Os contextos de quantificação, "(x) $(...x...)$" e "$(\exists x)$ $(...x...)$", não exaurem as maneiras em que uma variável "x" pode ser expressa discursivamente. A variável também é essencial para a expressão da descrição singular "o objeto x tal que...", a expressão da abstração de classes "a classe de todos os objetos x tal que..." e outras. No entanto, o uso quantificacional das variáveis é exaustivo no sentido de que todo uso de variáveis ligadas é *redutível* a esse tipo de uso. Todo enunciado que contém uma variável pode ser traduzido, por meio de regras conhecidas, em uma afirmação em que a variável tem apenas o uso quantificacional.[2] Todos os outros usos de variáveis ligadas podem ser explicados como abreviações de contextos em que as variáveis figuram apenas como variáveis de quantificação.

---

[2] Ver anteriormente, p.123 et seq.

É igualmente verdadeiro que todo enunciado que contém variáveis pode ser traduzido, por meio de outras regras, em uma afirmação na qual variáveis são usadas apenas para a abstração de classes;[3] e, ainda por meio de outras regras, em uma afirmação na qual as variáveis são usadas apenas para a abstração funcional (como em Church, 1932, 1933). Qualquer que seja o papel dessas variáveis tido como fundamental, ainda podemos sustentar o critério de compromisso ontológico em itálico anteriormente citado.

Um método engenhoso inventado por Schönfinkel e desenvolvido por Curry e outros, prescinde completamente das variáveis recorrendo a um sistema de constantes, chamadas combinadores, que expressam certas funções lógicas. O critério de compromisso ontológico citado é, obviamente, inaplicável ao discurso construído por meio de combinadores. No entanto, uma vez que conhecemos o método sistemático de tradução de enunciados que usam combinadores para enunciados que usam variáveis e vice-versa, não há dificuldade em determinar um critério equivalente de compromisso ontológico para o discurso combinatório. As entidades pressupostas por enunciados que usam combinadores acabam sendo, sob tal raciocínio, exatamente as entidades que têm de ser admitidas como argumentos ou valores de funções para que os enunciados em questão sejam verdadeiros.

Mas é à forma quantificacional de discurso mais conhecida que nosso critério de compromisso ontológico se aplica primordialmente. Insistir na correção do critério é, na verdade, simplesmente dizer que nenhuma distinção está sendo proposta entre "há" de "há universais", "há unicórnios", "há hipopótamos", e "há" de "$(\exists x)$", "há entidades

---

[3] Ver antes, p.135 et seq.

x tais que". Contestar o critério, tal como aplicado à forma quantificacional de discurso mais conhecida, é simplesmente dizer ou que a notação quantificacional mais conhecida está sendo reutilizada em algum novo sentido (caso em que não precisamos nos preocupar), ou que o conhecido "há" de "há universais" etc., está sendo reutilizado em algum novo sentido (caso em que novamente não precisamos nos preocupar).

Se o que queremos é um padrão para nos guiar na avaliação de nossos compromissos ontológicos de uma ou outra de nossas teorias e na modificação desses compromissos pela revisão de nossas teorias, o critério dado serve muito bem a nossos propósitos, pois a forma quantificacional é um padrão apropriado para formular uma teoria. Se preferirmos outra forma de linguagem, por exemplo, a dos combinadores, ainda podemos manter nosso critério de compromisso ontológico na medida em que estivermos dispostos a aceitar correlações sistemáticas apropriadas entre as expressões da linguagem aberrante e a conhecida linguagem da quantificação.

O uso polêmico do critério é outra questão. Considere-se o homem que professa o repúdio aos universais, mas ainda usa sem escrúpulos todo e qualquer aparato discursivo que o mais desenfreado dos platonistas concede. Ele pode, se apontarmos o critério de compromisso ontológico em sua direção, protestar dizendo que os compromissos indesejados que lhe imputamos dependem de interpretações contrárias à intenção de seus enunciados. Legalmente, sua posição é inatacável, enquanto ele estiver disposto a nos privar de uma tradução sem a qual não podemos entender o que pretende. Não é de admirar que não saibamos quais objetos um dado discurso pressupõe haver, se não tivermos uma noção de como traduzir esse discurso no tipo de linguagem a que "há" pertence.

Há também os defensores filosóficos da linguagem ordinária. Sua linguagem por excelência é uma à qual "há" pertence, mas eles olham com desconfiança para um critério de compromisso ontológico que se transforma em uma tradução real ou imaginada de enunciados para a forma quantificacional. O problema agora é que o uso idiomático de "há" na linguagem ordinária não tem limites comparáveis àqueles que podem ser razoavelmente atribuídos a um discurso científico rigorosamente formulado em termos quantificacionais. Ora, uma preocupação filológica com o uso não filosófico das palavras é exatamente o que querem muitas investigações estimáveis, mas ela ignora, como irrelevante, um aspecto importante da análise filosófica: o aspecto criativo, envolvido no progressivo refinamento da linguagem científica. Nesse aspecto da análise filosófica, qualquer revisão das formas e dos usos notacionais que simplificam a teoria, que facilitam os cálculos, que eliminam uma perplexidade filosófica, é livremente adotada na medida em que todos os enunciados da ciência puderem ser traduzidos na expressão revisada, sem perda de conteúdo pertinente para o empreendimento científico. Na verdade, a linguagem ordinária permanece fundamental não só geneticamente, mas também como meio para a clarificação última, ainda que por meio de paráfrases trabalhosas, desses usos mais artificiais. Mas, em vez de nos ocuparmos com a linguagem ordinária, nos ocupamos com um ou outro refinamento, presente ou suposto, da linguagem científica, quando expomos as leis da inferência lógica ou análises como as que Frege fez dos números inteiros, as de Dedekind sobre o número real, as de Weierstrass sobre o limite, ou as de Russell sobre a descrição singular.[4] E é apenas com esse espírito, por referência a uma ou outra esquematização, real ou imaginada, de uma ou

---

[4] Ver a seguir, p.230 et seq.

outra parte ou do todo da ciência, que podemos investigar com propriedade as pressuposições ontológicas. Os devotos filosóficos da linguagem ordinária estão certos em duvidar da adequação última de qualquer critério das pressuposições ontológicas da linguagem ordinária, mas estão errados em supor que não há nada mais a ser dito sobre a questão filosófica das pressuposições ontológicas.

De maneira vaga, podemos falar de pressuposições ontológicas no nível da linguagem ordinária, mas isso faz sentido apenas na medida em que temos em mente algum modo mais plausível e evidente de esquematizar o discurso em questão em termos quantificacionais. É aqui que o "há" da língua comum se mostra um guia falível – um guia completamente falível se o seguirmos como puros filólogos, esquecendo os caminhos mais diretos da esquematização lógica.

Em relação a uma língua, L, que nos é completamente estranha, pode acontecer, apesar dos esforços mais solidários, de não podermos dar sequer o mais grosseiro e remoto sentido ao compromisso ontológico. Pode não haver nenhuma maneira objetiva de correlacionar L com nosso tipo conhecido de linguagem de modo a determinar em L algum análogo firme para a quantificação, para "há". Essa correlação pode estar fora de questão mesmo para alguém que tem fluência nativa em ambas as línguas e possa interpretar parágrafos em um sentido e no outro, no nível prático. Nesse caso, procurar os compromissos ontológicos de L é simplesmente projetar uma característica particular do esquema conceitual de nossa cultura para além de seu campo de significação. A entidade, a objetualidade, é estranha ao esquema conceitual do falante de L.

2

Na lógica da quantificação, tal como é formulada normalmente, princípios são propostos no seguinte estilo:

(1) $[(x)(Fx \supset Gx) . (\exists x)Fx] \supset (\exists x)Gx$.

"*Fx*" e "*Gx*" ocupam o lugar de quaisquer sentenças, por exemplo, "*x* é uma baleia" e "*x* nada". As letras "*F*" e "*G*" algumas vezes são vistas como variáveis que tomam atributos ou classes como valores, por exemplo, balenidade (*whalehood*) e nadadeiridade (*swimmingness*), ou balealdade (*whalekind*) e a classe das coisas que nadam. Ora, o que distingue os atributos das classes é simplesmente o fato de que, enquanto classes são idênticas quando têm os mesmos membros, atributos podem ser distintos mesmo que presentes em todas e exatamente as mesmas coisas. Por isso, se aplicarmos a máxima da identificação dos indiscerníveis[5] à teoria da quantificação, somos levados a interpretar as classes como valores de "*F*", "*G*" etc., em vez de atributos. As expressões constantes cujo lugar é ocupado por "*F*", "*G*" etc., a saber, predicados ou termos gerais como "é uma baleia" e "nada", passam a ser vistas como nomes de classes, pois as coisas cujos nomes de variáveis ocupam o lugar são valores de variáveis. É a Church (1951) que se deve essa interessante sugestão adicional de que, se predicados nomearem classes, pode-se considerar que os atributos são seus significados.

Mas o melhor caminho não é esse. Podemos entender que (1) e formas válidas similares são simplesmente esquemas

---

[5] Ver anteriormente, p.105.

ou diagramas que dão corpo a todos os vários enunciados verdadeiros, por exemplo:

(2) [(x)(x tem massa $\supset$ x é extenso) . ($\exists$x)(x tem massa)] $\supset$ ($\exists$x)(x é extenso).

Não é necessário considerar "tem massa" e "é extenso" em (2) como nomes de classes ou qualquer outra coisa, e não é necessário considerar "*F*" e "*G*" de (1) como variáveis que tomam classes ou qualquer outra coisa como valores. Recordemos nosso critério de compromisso ontológico: uma entidade é pressuposta por uma teoria se, e somente se, ela for necessária entre os valores das variáveis ligadas para que as afirmações feitas na teoria sejam verdadeiras. "*F*" e "*G*" não são variáveis ligáveis e, portanto, não precisam ser vistas como nada além de pseudopredicados, espaços em branco no diagrama de uma sentença.

Na parte mais elementar da Lógica, a saber, a lógica das funções de verdade,[6] os princípios são normalmente expostos usando "*p*", "*q*" etc., ocupando o lugar de enunciados componentes; por exemplo, "[(p $\supset$ q) . ~q] $\supset$ ~p". As letras "*p*", "*q*" etc., são algumas vezes vistas como algo que toma como valores entidades de algum tipo e, uma vez que as expressões constantes que "*p*", "*q*" etc., ocupam o lugar de enunciados, esses supostos valores devem ser entidades das quais os enunciados são nomes. Essas entidades foram algumas vezes chamadas de *proposições*. Nesse uso, a palavra "proposição" não é um sinônimo de "enunciado" (como ocorre normalmente), mas se refere, ao contrário, a entidades abstratas hipotéticas de algum tipo. De maneira alternativa, mais precisamente por Frege (1949), os enunciados

---

[6] Ver anteriormente, p.122-3.

foram tomados como algo que nomeia sempre apenas uma ou outra entre duas entidades, os chamados valores de verdade: o verdadeiro e o falso. Ambas as alternativas são artificiais, mas, entre as duas, a de Frege é preferível por sua conformidade à máxima da identificação dos indiscerníveis. As proposições, se ainda se quiser ficar com elas, são consideradas mais corretamente significados de enunciados, como Frege apontou, não o que é nomeado por enunciados.

Mas a saída alternativa é inverter a concepção do senso comum, segundo a qual os nomes são um tipo de expressão e os enunciados, outro. Não é preciso pensar que os enunciados são nomes, nem considerar "p", "q" etc., variáveis que tomam entidades nomeadas por enunciados como valores, pois "p", "q" etc., não são usados como variáveis ligadas sujeitas à quantificação. Podemos considerar "p", "q" etc., como letras esquemáticas comparáveis a "F", "G" etc., e podemos considerar "$[(p \supset q) \cdot {\sim}q] \supset {\sim}p$", tal como em (1), não um enunciado, mas um esquema ou diagrama tal que todos os enunciados concretos da forma assinalada sejam verdadeiros. As letras esquemáticas "p", "q" etc., aparecem em esquemas para substituir enunciados componentes, assim como as letras "F", "G" etc., aparecem em esquemas para substituir predicados, e não há nada na lógica das funções de verdade ou da quantificação que nos obrigue a considerar enunciados ou predicados como nomes de quaisquer entidades, ou que nos obrigue a considerar essas letras esquemáticas variáveis que tomam alguma dessas entidades como valores.

Interrompamos nosso longo percurso para tornar completamente claras as distinções essenciais. Considerem-se as expressões:

$$x + 3 > 7, \qquad (x)(Fx \supset p).$$

A primeira delas é uma sentença. Ela não é, na verdade, uma sentença fechada, ou um enunciado, mas uma sentença aberta, que pode aparecer em um contexto de quantificação para compor um enunciado. A outra expressão, "$(x)\,(Fx \supset p)$", não é, de modo algum, uma sentença, mas um esquema, se a atitude recomendada no parágrafo anterior for adotada em relação a "F" e "p". O esquema "$(x)\,(Fx \supset p)$" não pode ser inserido na quantificação para compor um enunciado, pois letras esquemáticas não são variáveis ligáveis.

A letra "x" é uma variável ligável, uma variável cujos valores, como podemos temporariamente supor seguindo o exemplo "$x + 3 > 7$", são números. A variável ocupa o *lugar* de *nomes* de números, por exemplo, numerais arábicos; os *valores* das variáveis são os próprios números. Ora, assim como a letra "x" ocupa o lugar de numerais (e outros nomes de numerais), a letra "p" ocupa o lugar de enunciados (e sentenças em geral). Se os enunciados, assim como os numerais, fossem considerados nomes de certas entidades, e "p", assim como "x", fosse considerado uma variável ligável, então os *valores* de "p" seriam aquelas entidades cujos nomes seriam os enunciados. Mas se tratarmos "p" como uma letra esquemática, em um pseudoenunciado não ligável, então abandonamos a consideração do caráter de nome dos enunciados. Ainda é verdade que "p" ocupa o lugar de enunciados como "x" ocupa o lugar de numerais; mas, enquanto o "x" ligável tem numerais como valores, o "p" não ligável não tem nenhum valor. As letras qualificam-se como variáveis genuínas, que exigem um reino de objetos como seus valores, apenas se for permitido ligá-las de modo a produzir enunciados reais sobre tais objetos.

"F" está na mesma situação que "p". Se os predicados são pensados como nomes de certas entidades e "F" é tratado como uma variável ligável, então os valores de "F" são as entidades cujos nomes são os predicados. Mas se tratarmos "*F*" como uma letra esquemática, como um pseudopredicado não ligável, deixamos de lado a ideia de que predicados têm um caráter de nome e dos valores de "*F*". "*F*" simplesmente ocupa o lugar de predicados; ou, para falar em termos mais fundamentais, "*Fx*" ocupa o lugar de sentenças.

Se não nos preocuparmos em usar "*x*" explícita ou implicitamente em quantificadores, o estatuto esquemático sugerido para "*p*" e "*F*" seria igualmente válido para "*x*". Isso significaria tratar "*x*" em "$x + 3 > 7$" e em contextos similares como um pseudonumeral, mas deixando de lado a ideia de que há números para os numerais nomearem. Nesse caso, "$x + 3 > 7$" se tornaria, como "$(x)(Fx \supset p)$", um mero esquema ou pseudoenunciado, que tem a forma de enunciados genuínos (como "$2 + 3 > 7$"), mas que é incapaz de ser quantificado em um enunciado.

Ambas as expressões anteriores, "$x + 3 > 7$" e "$(x)(Fx \supset p)$" têm um estatuto radicalmente diferente de expressões como:

(3) $(\exists \alpha)(\phi \vee \psi)$

no sentido do Ensaio V. (3) ocupa, por assim dizer, um nível semântico imediatamente acima de "$x + 3 > 7$" e "$(x)(Fx \supset p)$": ela desempenha o papel de nome *de* uma sentença ou o faz assim que especificarmos uma escolha particular de expressões como referentes das letras gregas. Um esquema como "$(x)(Fx \supset p)$", ao contrário, não é o nome de uma sentença, não é o nome de coisa nenhuma; ela é, *por si só*, uma pseudossentença, concebida expressamente para tornar manifesta uma forma que diferentes sentenças manifestam. Esquemas estão para sentenças não como nomes estão para seus objetos, mas como pedaços de metal estão para moedas.

As letras gregas são, como "x", variáveis, mas variáveis dentro de uma parte da linguagem concebida para falar *sobre* a linguagem. Acabamos de considerar "x" uma variável que toma números como valores e que ocupa, portanto, o lugar de nomes de números; agora, da mesma forma, as letras gregas são variáveis que tomam sentenças ou outras expressões como valores e ocupam o lugar, portanto, de nomes (por exemplo, citações) dessas expressões. Note que as letras gregas são variáveis ligáveis genuínas, que podem ser construídas com tais quantificadores expressos verbalmente como "qualquer que seja o enunciado ϕ", "há um enunciado ψ, tal que".

Assim, "ϕ" se distingue de "p" por duas razões básicas. Primeiro, "ϕ" é uma variável, que toma sentenças como valores; "p", interpretado esquematicamente, não é de modo nenhum uma variável (no sentido de algo que toma valores). Segundo, "ϕ" é substantivável gramaticalmente, ocupando o lugar de nomes de sentenças; "p" é sentenciável gramaticalmente, ocupando o lugar de sentenças.

Esse último contraste é perigosamente obscurecido pelo uso (3), que mostra as letras gregas "ϕ" e "ψ" em posições sentenciais, em vez de em posições substantivais. Mas esse uso seria um contrassenso, exceto pela convenção especial e artificial do Ensaio V (p.121) acerca da inclusão das letras gregas entre os sinais da linguagem lógica. Segundo aquela convenção, (3) é uma abreviação para o substantivo inequívoco:

o resultado de colocar a variável α e as sentenças ϕ e ψ nos respectivos espaços de "$(\exists\ )(\ \vee\ )$".

Aqui, as letras gregas claramente ocorrem na posição de nomes (referindo-se a uma variável e a dois enunciados), e o todo é, por sua vez, um nome. Em alguns de meus escritos, por exemplo (Quine, 1940), insisti em corrigir o uso equivocado de (3) com um dispositivo seguro que tem a forma de um tipo modificado de aspas, da seguinte maneira:

$$\ulcorner(\exists\alpha)(\phi \vee \psi)\urcorner.$$

Esses sinais sugerem corretamente que o todo é, como uma citação comum, um substantivo que se refere a uma expressão; eles também isolam visivelmente as partes do texto em que o uso combinado de letras gregas e sinais lógicos deve ser interpretado de modo anormal. Na maior parte da literatura, no entanto, as quase aspas são omitidas. O uso pela maior parte dos lógicos que se preocupam em preservar as distinções semânticas é aquele exemplificado pelo Ensaio V (apesar de o fazerem normalmente com letras góticas ou latinas em negrito em vez de letras gregas).

Isso basta acerca do uso de letras gregas. Ele voltará como um expediente prático nas §5-6, mas sua relevância aqui é sua falta de relevância. A distinção que nos interessa propriamente nestas páginas, aquela entre sentença e esquema, não é uma distinção entre o uso e a menção de expressões; sua importância reside em outro ponto. A importância de preservar um estatuto esquemático para "p", "q" etc., e "F", "G" etc., em vez de tratar essas letras como variáveis ligáveis, é que, desse modo, (a) estamos proibidos de quantificar essas letras, e (b) somos poupados de considerar enunciados e predicados como nomes de alguma coisa.

3

Seguramente, o leitor está pensando agora que a ressalva acerca do estatuto esquemático de "p", "q" etc., e "F", "G" etc., é motivada puramente por uma recusa em admitir entidades como as classes e os valores de verdade. Mas isso não é assim. Há boas razões, como veremos agora, para admitir tais entidades, para admitir nomes nomeando-as e para admitir variáveis ligáveis que tomam essas entidades – classes, em todo caso – como valores. Minha objeção agora é apenas contra o tratamento dos próprios enunciados e dos próprios predicados como nomes dessas ou de quaisquer entidades e, portanto, contra a identificação de "*p*", "*q*" etc., da teoria das funções de verdade e de "*F*", "*G*" etc., da teoria da quantificação com variáveis ligáveis. Temos "*x*", "*y*" etc., para as variáveis ligáveis e, se quisermos distinguir as variáveis para indivíduos das variáveis para classes ou valores de verdade, podemos adicionar alfabetos diferentes; mas há razões para preservar um estatuto esquemático para "*p*", "*q*" etc., e "*F*", "*G*" etc.

Uma razão é que interpretar "*Fx*" como a afirmação do pertencimento de *x* a uma classe pode, em muitas teorias das classes, levar a um impasse técnico. Pois há teorias das classes em que nem toda condição exprimível em *x* determina uma classe, e teorias em que nem todo objeto está qualificado para pertencer a classes.[7] Nessa teoria, "*Fx*" pode representar qualquer condição sobre qualquer objeto *x*, enquanto "$x \in y$" não pode.

Mas a principal desvantagem de assimilar letras esquemáticas a variáveis ligadas é que isso leva a uma compreensão falsa dos compromissos ontológicos da maior parte de nosso discurso. Quando dizemos que alguns cachorros são brancos:

(4) ($\exists x$) (*x* é um cachorro . *x* é branco),

---

[7] Ver, por exemplo, p.133 e 138 et seq.

não nos comprometemos com tais entidades abstratas como a espécie canina ou a classe das coisas brancas.[8] Desse modo, é equivocado interpretar as palavras "cachorro" e "branco" como nomes dessas entidades. Mas é precisamente isso que fazemos se, ao representarmos a forma (4) por "(∃x) (Fx . Gx)", considerarmos "F" e "G" variáveis de classes ligáveis.

Podemos, obviamente, mudar para a forma explícita "(∃x) (x ∈ y . x ∈ z)" sempre que quisermos variáveis de classes disponíveis para a ligação. (Também podemos usar, em lugar de "y" e "z", um tipo diferente de variáveis para classes.) Embora não reconheçamos os termos gerais "cachorro" e "branco" como nomes da espécie canina e da classe de coisas brancas, nomes genuínos de tais entidades abstratas não são difíceis de encontrar, a saber, os termos "canidade" e "classe de coisas brancas". Termos singulares que nomeiam entidades são apropriadamente substituídos por variáveis que admitem tais entidades como valores; e, de maneira correspondente, temos:

(5) (∃x) (x ∈ espécie canina . x ∈ classe de coisas brancas)

como uma instância da forma "(∃x) (x ∈ y . x ∈ z)". Assim como (4), (5) também é uma instância da forma "(∃x) (Fx . Gx)"; mas (4) não é uma instância da forma "(∃x) (x ∈ y . x ∈ z)".

Reconheço que (4) e (5), como um todo, são enunciados equivalentes. Mas eles diferem no fato de que (4) pertence estritamente à parte da linguagem que é neutra acerca da questão da existência de classes, ao passo que (5) é feito sob medida especialmente para caber naquela parte superior da linguagem em que classes são consideradas

---

[8] Ver p.26-7.

valores de variáveis. A própria (5) acaba sendo um espécime degenerado daquela parte superior da linguagem, em dois aspectos; ela não contém, na verdade, nenhuma quantificação sobre classes, e, tomada como um enunciado completo, é equivalente a (4).

À assimilação de letras esquemáticas a variáveis ligadas, contra a qual tenho me colocado, tem-se, na verdade, que conceder certa utilidade se quisermos passar do domínio ontologicamente inocente da lógica elementar para uma teoria das classes ou outras entidades abstratas com um mínimo de atenção. Podemos considerar isso desejável por um motivo vil de encobrimento ou por um motivo mais nobre de especulação sobre as origens. Guiado pelo último motivo, explorarei, com efeito, o procedimento nas §4-5. Mas o procedimento é útil para esse propósito precisamente em virtude de suas falhas.

O fato de que as classes são universais ou entidades abstratas é algumas vezes obscurecido por se falar delas como meros agregados ou coleções, aproximando, assim, uma classe de pedras, por exemplo, a uma pilha de pedras. A pilha é, de fato, um objeto concreto, tão concreto quanto as pedras que a formam; mas a classe de pedras empilhadas não pode ser propriamente identificada com a pilha. Pois, se pudesse, então, pela mesma razão, outra classe poderia ser identificada com a mesma pilha, a saber, a classe das moléculas das pedras na pilha. Mas, na verdade, essas classes têm de permanecer distintas, pois queremos dizer que uma tem, por exemplo, apenas cem membros enquanto a outra tem trilhões. As classes, portanto, são entidades abstratas; podemos chamá-las de agregados ou coleções, se preferirmos, mas elas são universais. Isto é, se *houver* classes.

Há ocasiões que pedem diretamente um discurso sobre classes.[9] Uma ocasião assim surge quando definimos ancestral em termos de parentesco, segundo o método de Frege: x é ancestral de y se x pertence a *todas as classes* que contêm y e todos os parentes de seus próprios membros.[10] Há, pois, sérios motivos para quantificar sobre classes e, em mesmo grau, há um lugar para termos singulares que nomeiam classes – termos singulares como "a "espécie canina" e "a classe dos ancestrais de Napoleão".

Negar aos termos gerais ou predicados o estatuto de nomes de classes não é negar que haja frequentemente (ou sempre, exceto os universos das teorias das classes, mencionados algumas páginas atrás) certas classes conectadas com predicados de outra maneira que aquela da nomeação. Surgem ocasiões para falar da *extensão* de um termo geral ou predicado – a classe de todas as coisas de que o predicado é verdadeiro. Essa ocasião surge quando tratamos o tópico da validade de esquemas da teoria da quantificação pura, pois um esquema quantificacional é válido quando resulta verdadeiro para todos os valores de suas variáveis livres (mas ligáveis) sob todas as atribuições de classes como extensões das letras esquemáticas do predicado. A teoria geral da validade quantificacional recorre, pois, a classes, mas os enunciados individuais representados pelos esquemas da teoria da quantificação não precisam fazê-lo; o enunciado (4), em si mesmo, não recorre à extensão abstrata de um predicado.

De maneira similar, há ocasiões na teoria da validade para falar de valores de verdade de enunciados, por exemplo, ao definir a validade verifuncional. Mas não há necessidade de

---

[9] Ver antes, p.25 et seq.
[10] Note a analogia entre essa definição e (3), à p.141.

tratar os enunciados como nomes desses valores, nem como nomes quaisquer. Quando apenas afirmamos um enunciado, não recorremos, com isso, a nenhuma entidade como valor de verdade, a menos que o enunciado seja sobre esse tema em especial.

Com efeito, reinterpretar os enunciados como nomes pode se mostrar conveniente e elegante em sistemas especiais – por exemplo, os nomes de 2 e 1, como no sistema de Church (1933). Isso pode ser visto com mais facilidade como uma questão de fazer os nomes de 2 e 1 desempenharem o papel de enunciados, para o sistema especial, e não tenho nada contra isso. De maneira similar, pode-se considerar que Frege estava fazendo que seus termos singulares, mais o pertencimento, realizassem o trabalho dos termos gerais; e, mais uma vez, na medida em que se trata de uma maneira de absorver, por elegância, a parte inferior da Lógica em um sistema particular de lógica superior, não tenho nada contra isso. Sistemas especiais à parte, no entanto, é obviamente preferível analisar o discurso de modo a não imputar pressuposições ontológicas específicas a partes do discurso isentas delas.

A parte principal do raciocínio lógico ocorre em um nível que não pressupõe entidades abstratas. O raciocínio procede principalmente segundo a teoria da quantificação, cujas leis podem ser representadas por meio de esquemas que não envolvem nenhuma quantificação sobre variáveis de classes. Muito do que é comumente formulado em termos de classes, relações e até mesmo números pode ser facilmente formulado esquematicamente na teoria da quantificação acrescida talvez da teoria da identidade.[11] Desse modo, considero um defeito da teoria da referência se uma caracterização

---

[11] Ver a seguir, p.79.

com uma finalidade geral qualquer nos apresentar como se fizéssemos referência a entidades abstratas desde o início, em vez de fazê-lo apenas onde há um motivo real para fazer tal referência. Daí vem minha vontade de manter os termos gerais separados dos termos singulares abstratos.

Mesmo na teoria da validade acontece que o recurso a valores de verdade de enunciados e extensões de predicados pode, finalmente, ser eliminado, pois a validade verifuncional pode ser redefinida por meio do conhecido método tabular de cálculo, e a validade na teoria da quantificação pode ser redefinida simplesmente por meio do recurso às regras de prova (já que Gödel, 1930, provou sua completude). Eis um bom exemplo de eliminação das pressuposições ontológicas em um domínio particular.

Em geral, é importante, penso eu, mostrar como os fins de um segmento da Matemática podem ser alcançados com uma ontologia reduzida, assim como é importante mostrar como uma prova até então não construtiva pode ser realizada por meios construtivos. O interesse desse tipo de progresso já não depende de uma intolerância completa em relação a provas não construtivas. O importante é entender nosso instrumento, a fim de manter o controle sobre as diversas pressuposições das diversas partes de nossa teoria e reduzi-las onde pudermos. É assim que estaremos mais bem preparados para descobrir, eventualmente, a dispensabilidade completa de algumas suposições que sempre pareceram *ad hoc* e contraintuitivas.

4

Pode acontecer de uma teoria que trata apenas de indivíduos concretos ser convenientemente reinterpretada como tratando de universais, por meio do método de identificação dos indiscerníveis. Considere, pois, uma teoria dos corpos comparados do ponto de vista de seu comprimento. Os valores das variáveis ligadas são objetos físicos e o único predicado é "*L*", em que "*Lxy*" significa "*x* é mais comprido do que *y*". Agora, se é verdade que "~*Lxy* . ~*Lyx*", tudo o que pode ser dito verdadeiramente de *x* também vale para *y* e vice--versa. Desse modo, é conveniente tratar "~*Lxy* . ~*Lyx*" como "*x* = *y*". Essa identificação equivale a reinterpretar os valores de nossas variáveis como universais, a saber, comprimentos, em vez de objetos físicos.

Outro exemplo de tal identificação dos indiscerníveis é obtido na teoria das *inscrições*, uma sintaxe formal em que os valores das variáveis ligadas são inscrições concretas. O predicado importante aqui é "*C*", em que "*Cxyz*" significa que *x* consiste em uma parte notacionalmente semelhante a *y*, seguido por uma parte notacionalmente semelhante a *z*. A condição de intersubstitutibilidade ou indiscernibilidade nessa teoria se revela a semelhança notacional, que pode ser expressa assim:

$$(z)(w)(Cxzw \equiv Cyzw \,.\, Czxw \equiv Czyw \,.\, Czwx \equiv Czwy).$$

Ao tratar essa condição como "*x* = *y*", convertemos nossa teoria das inscrições em uma teoria das formas notacionais, em que os valores das variáveis já não são inscrições individuais, mas formas notacionais abstratas das inscrições.

Esse método de abstrair universais é perfeitamente conciliável com o nominalismo, a filosofia segundo a qual não há nenhum universal, pois podem-se entender os universais como algo que entra aqui meramente como uma forma de falar por meio do uso metafórico do sinal de identidade, já que não se trata realmente de identidade, mas de semelhança de comprimento, em um exemplo, ou de identidade notacional, no outro. Ao abstrair os universais pela identificação dos indiscerníveis, não mais parafraseamos o mesmo velho sistema de particulares.

Infelizmente, porém, essa espécie inocente de abstração é inadequada para abstrair qualquer outra coisa que não sejam classes mutuamente exclusivas. Pois, quando uma classe é abstraída por esse método, o que a mantém unida é a indistinguibilidade de seus membros pelos termos da teoria em questão; então, qualquer sobreposição de suas classes como essas as fundiria irreversivelmente em uma única.

Outra maneira, mais audaciosa, de abstrair os universais é pela admissão em quantificadores, como variáveis ligadas, de letras que até aqui eram apenas esquemáticas e não envolviam nenhum compromisso ontológico. Assim, se estendermos a teoria das funções de verdade pela introdução de quantificadores "(p)", "(q)", "$(\exists p)$" etc., não podemos mais recusar as letras sentenciais como letras esquemáticas. Em vez disso, temos de considerá-las variáveis que tomam entidades apropriadas como valores, a saber, proposições, ou melhor, valores de verdade, como é evidente pelas primeiras páginas deste ensaio. Chegamos a uma teoria que contém universais ou qualquer forma de entidades abstratas.

Na verdade, porém, mesmo os quantificadores "(p)" e "$(\exists p)$" acabam sendo conciliáveis com o nominalismo, se estivermos trabalhando com um sistema extensional.[12] Pois, segundo Tarski (1924), podemos interpretar "$(p)(\ldots p\ldots)$" e "$(\exists p)(\ldots p\ldots)$" (em que "$\ldots p\ldots$" é um contexto contendo "p" na posição de enunciado componente) como a conjunção e a

---

[12] Sobre a extensionalidade, ver anteriormente, p.50-1. Para uma discussão de sistemas não extensionais, ver o Ensaio VIII.

disjunção de "...S..." e "...~S...", em que "S" é uma abreviação de um enunciado específico escolhido arbitrariamente. Se se trabalha com um sistema extensional, pode-se provar que essa maneira artificial de definir a quantificação de "p", "q" etc., cumpre todas as leis apropriadas. O que parecia ser um discurso quantificado sobre proposições ou valores de verdade é legitimado, do ponto de vista nominalista, como figura de linguagem. O que parecia ser um discurso em que enunciados figuravam como nomes é explicado como uma transcrição pitoresca do discurso em que eles não figuram dessa maneira.

Mas a abstração pela ligação de letras esquemáticas nem sempre é tão facilmente conciliável com o nominalismo. Se ligarmos as letras esquemáticas da teoria da quantificação, chegamos à reificação dos universais que nenhum dispositivo análogo ao de Tarski pode eliminar. Esses universais são entidades por meio das quais os predicados podem, então, ser vistos como nomes. Como foi notado na §2, eles podem ser tomados como atributos ou como classes, mas é melhor tomá-los como classes.

Na §3, foram apresentadas fortes razões para manter uma distinção notacional entre letras esquemáticas de predicados, como o "F" de "Fx", e variáveis ligáveis usadas com "$\in$", a fim de tomar classes como valores. Agora, pelas mesmas razões, considerado na ordem inversa, pode ser pertinente apagar a distinção, se nos interessarmos pelo aspecto genético. O passo ontológico crucial para postular um universo de classes ou outras entidades abstratas pode ser visto como um pequeno passo, que damos naturalmente, se o descrevermos apenas como uma questão de permitir que aquilo que até então eram letras esquemáticas se mova para dentro da quantificação. É assim que "p" era admitido sem alterações na quantificação, algumas páginas atrás. De maneira similar, no espírito de um restabelecimento da gênese da teoria das classes, consideremos agora em detalhe como a teoria das classes procede com base na teoria da quantificação pela ligação daquilo que até então eram letras esquemáticas de predicados.

5

Primeiro, temos de ter uma ideia mais precisa da teoria da quantificação. Os esquemas quantificacionais são construídos com base em componentes esquemáticos "p", "q", "Fx", "Gx", "Gy", "Fxy" etc., por meio de quantificadores "(x)", "(y)", "$(\exists x)$" etc., e os operadores verifuncionais "$\sim$", "$.$", "$\vee$", "$\supset$", "$\equiv$".[13] Conhecemos diversas esquematizações completas da teoria da quantificação, no sentido de que todos os esquemas válidos são teoremas. (Ver anteriormente, §3.) Um desses sistemas é constituído pelas regras R1, R2, R4 e R5 do Ensaio V, se interpretarmos que "ϕ", "ψ", "χ" e "ω" ali presentes se referem a esquemas quantificacionais. As definições D1-D6 daquele Ensaio têm de ser incluídas.

Um princípio notável da teoria da quantificação é que, para todas as ocorrências de uma letra de predicado seguida por variáveis, podemos substituir qualquer condição sobre tais variáveis. Podemos substituir "Fx" por qualquer esquema, por exemplo, "$(y)(Gx \supset Hyx)$", para "Fz", "Fw" etc., desde que façamos as substituições paralelas, "$(y)(Gz \supset Hyz)$", "$(y)(Gw \supset Hyw)$" etc.[14] Esse princípio de substituição não tinha de ser admitido para R1, R2, R4 e R5 simplesmente porque seu uso pode, em tese, ser sempre evitado da seguinte forma: por exemplo, em vez de substituir "$(y)(Gx \supset Hyx)$"

---

[13] Ver anteriormente, p.121 et seq.
[14] Para uma formulação mais rigorosa dessa regra, ver Quine (1950, §25).

para "Fx" em um teorema ϕ para obter um teorema ψ, podemos sempre obter ψ repetindo a prova do próprio ϕ com "$(y)(Gx \supset Hyx)$" no lugar de "Fx".

Outro princípio notável da teoria da quantificação é o da *generalização existencial*, que nos leva de um teorema ϕ a um teorema $(\exists x)\psi$, em que ϕ é semelhante a ψ, exceto por conter ocorrências livres de "y" em todos os lugares que ψ contém ocorrências livres de "x". Por exemplo, a partir de "$Fy \equiv Fy$", a generalização existencial resulta em "$(\exists x)(Fy \equiv Fx)$". Ora, esse princípio não tinha sido admitido para R1, R2, R4 e R5 simplesmente porque qualquer coisa que se possa fazer pelo uso dele também pode ser feita por uma série tortuosa de aplicações de para R1, R2 e R4 (e D1-D6).

Não é preciso privilegiar R1, R2, R4 e R5 como os princípios fundamentais para gerar esquemas quantificacionais válidos. Eles acabam sendo um conjunto de regras adequado, mas também há escolhas alternativas que seriam adequadas;[15] algumas dessas escolhas incluem a substituição ou a generalização existencial como fundamentais, excluindo uma ou outra das R1, R2, R4 e R5.

Ora, a manobra de estender a quantificação a letras de predicados, como meio de expandir a teoria da quantificação em uma teoria das classes, pode ser caracterizada como um ajuste simplesmente para conceder às letras de predicados todos os privilégios das variáveis "x", "y" etc. Vejamos como esse ajuste funciona. Começar com o esquema quantificacional "$(y)(Gy \equiv Gy)$" é obviamente válido e, portanto, tem de poder ser admitido como um teorema da teoria pura da quantificação. Ora, nosso novo ajuste para conceder a "F" e "G" os privilégios

---

[15] Por exemplo, Hilbert e Ackermann (1938), cap. 3, §25; Quine (1940, p. 88; 1950, p. 157-61, 191).

das variáveis comuns permite aplicarmos a generalização existencial a "$(y)\,(Gy \equiv Gy)$" de forma a obter "$(\exists F)\,(y)\,(Fy \equiv Gy)$". A partir disso, por sua vez, pela substituição, chegamos a $(\exists F)\,(y)\,(Fy \equiv \phi)$, em que ϕ é qualquer condição desejada sobre y.

"F", assim admitida em quantificadores, adquire o estatuto de uma variável que toma classes como valores; e a notação "Fy" passa a significar que y é um membro da classe F. Desse modo, o resultado anterior, $(\exists F)\,(y)(Fy \equiv \phi)$, pode ser reconhecido como a R3 do Ensaio V.[16]

Essa extensão da teoria da quantificação, simplesmente pela concessão de todos os privilégios de "x", "y" etc., às variáveis de predicados, poderia parecer uma maneira muito natural de proclamar um reino de universais, que espelham os predicados ou as condições que podem ser escritas na linguagem. Na verdade, porém, ela acaba proclamando um reino de classes *muito mais amplo* do que as condições que podem ser escritas na linguagem. Esse resultado talvez seja indesejado, pois certamente a ideia intuitiva que subjaz à postulação de universais é simplesmente a da postulação de uma realidade por trás das formas linguísticas. O resultado, porém, está dado; podemos admiti-lo como um corolário do teorema de Cantor, mencionado anteriormente.[17] A prova de Cantor pode ser levada a cabo no interior da extensão da teoria da quantificação sob consideração e, a partir desse teorema, segue-se que devem haver classes, em particular classes de formas linguísticas, que não tenham nenhuma forma linguística que corresponda a elas.

---

[16] Ver p.129. A hipótese em R3, a saber, que "x" está ausente em ϕ (ou agora "F") é estritamente necessária por causa das restrições que entram em qualquer formulação rigorosa da regra de substituição, por meio da qual ϕ acabou de ser substituída por "Gy".

[17] Ver nota da p.134.

Mas isso não é nada em comparação com o que se *pode* mostrar na teoria sob consideração, pois vimos que a teoria é adequada a R1-R5, incluindo R3; e vimos no Ensaio V que R1-R5 leva ao paradoxo de Russell.

A teoria anterior é mais ou menos o fundamento da Matemática clássica, desde que a submetamos, todavia, a uma ou outra restrição arbitrária a fim de restituir sua consistência sem atingir o resultado de Cantor. Várias dessas restrições foram examinadas anteriormente.[18] A propósito, a notação que acaba de ser desenvolvida pode ser reduzida pela eliminação do uso poliádico de variáveis de predicados ligáveis (como "F" em "Fxy"), uma vez que as relações são interpretáveis como no Ensaio V, com base em classes; e as formas residuais "Fx", "Fy", "Gx" etc., com "F", "G" etc., podem ser reescritas como "$x \in z$", "$y \in z$", "$x \in w$" etc., em conformidade com o que foi recomendado antes, no presente ensaio. Mas, em todo caso, os universais são irredutivelmente pressupostos. Os universais postulados pela ligação de letras de predicados nunca foram explicados em termos de qualquer simples abreviação notacional, como aquela a que podíamos recorrer em casos de abreviação anteriores, menos abrangentes.

As classes assim postuladas são, na verdade, todos os universais de que a Matemática precisa. Números, como Frege mostrou, são definíveis como certas classes de classes. Relações, como foi notado, são igualmente definíveis como certas classes de classes. E funções, como Peano enfatizou, são relações. Apesar disso, as classes representam uma preocupação considerável se tivermos receios filosóficos acerca da admissão de outras entidades além dos objetos concretos.

---

[18] Ver p.130 et seq., 138 et seq.

Russell (1905, 1908, *Principia*) tinha uma teoria das não classes. As notações que deveriam se referir a classes eram definidas contextualmente, para que todas as referências desaparecessem no desenvolvimento. Esse resultado foi louvado por alguns, notadamente por Hans Hahn, como a libertação da Matemática do platonismo, como a reconciliação da Matemática com uma ontologia exclusivamente concreta. Mas essa interpretação está errada. O método de Russell elimina as classes, mas apenas recorrendo a outro reino de entidades igualmente abstratas ou universais, chamadas de funções proposicionais. A expressão "função proposicional" é usada de maneira ambígua nos *Principia Mathematica*; algumas vezes significa uma sentença aberta e algumas vezes significa um atributo. A teoria das não classes de Russell usa as funções proposicionais nesse segundo sentido como valores de variáveis ligadas; logo, a teoria não pode reivindicar nada além da redução de certos universais a outros, classes a atributos. Essa redução acaba sendo completamente vazia se refletirmos sobre o fato de que a própria teoria subjacente dos atributos pode ser mais bem interpretada como uma teoria das classes do começo ao fim, em conformidade com a prescrição de identificar os indiscerníveis.

6

Ao tratar as letras de predicados como variáveis de quantificação, causamos a precipitação de uma torrente de universais contra a qual a intuição é impotente. Já não podemos ver o que estamos fazendo, nem para onde a inundação nos está levando. Nossas precauções contra contradições são artifícios *ad hoc*, justificados apenas na medida em que parecem funcionar.

Há, porém, uma maneira mais restrita de tratar as letras de predicados como variáveis de quantificação, e ela mantém certa aparência de controle, certo sentido da direção aonde estamos indo. A ideia subjacente a essa maneira mais moderada é a de que as classes são conceituais em sua natureza e são criadas pelos homens. No início, há apenas objetos concretos, e eles podem ser pensados como valores das variáveis ligadas da teoria não deturpada da quantificação. Chamemos esses objetos de *objetos de ordem* 0. A própria teoria da quantificação, suplementada por qualquer constante de predicado extralógica que queiramos, constitui uma linguagem para falar sobre objetos concretos de ordem 0; chamemos essa linguagem de L_0. O primeiro passo da reificação das classes é nos limitar a classes tais que o pertencimento a alguma delas seja equivalente a alguma condição exprimível em L_0; o mesmo vale, de maneira correspondente, para as relações. Chamemos essas classes e relações de *objetos de ordem* 1. Então, começamos ligando as letras de predicados com a ideia de que elas devem admitir objetos de ordem 1 como valores e, como uma recordação dessa limitação, anexamos o expoente "1" a tais variáveis. A linguagem formada por essa extensão de L_0 será chamada de L_1; ela tem dois tipos de variáveis ligadas, a saber, as antigas variáveis individuais e as variáveis com expoente "1". Podemos convenientemente enxergar as ordens como cumulativas, reconhecendo, com isso, os objetos de ordem 0 como simultaneamente de ordem 1. Isso significa contar os valores "x", "y" etc., entre os valores de "F^1", "G^1" etc., Podemos explicar "F^1x" como uma identificação de F^1 com x, caso F^1 seja um indivíduo.[19]

---

[19] Ver anteriormente, p.118 et seq.

Agora, o próximo passo é reificar todas as outras classes de tal modo que o pertencimento a uma delas seja equivalente a alguma condição exprimível em L_1; o mesmo vale, de maneira similar, para as relações. Chamemos essas classes e relações de *objetos de ordem* 2. Estendemos os termos para incluir também os objetos de ordem 1, em conformidade com nosso princípio cumulativo. Então, começamos ligando "F^2", "G^2" etc., com a ideia de que eles devem tomar como valores objetos de ordem 2.

Continuando, pois, com L_3, L_4, e assim por diante, introduzimos variáveis ligadas com expoentes sempre crescentes, ao mesmo tempo que admitimos domínios cada vez mais vastos de classes e relações como valores de nossas variáveis. O limite L_∞ dessa série de linguagens cumulativas – ou, o que dá no mesmo, a soma de todas essas linguagens – é nossa lógica final das classes e relações, sob o novo procedimento.

O que queremos fazer em seguida é especificar uma teoria que chegue mais ou menos ao mesmo resultado que L_∞ por meio de regras diretas, em vez da soma de uma série infinita. Para os fins da teoria geral, certas simplificações podem ser introduzidas no plano anterior. No estágio L_0, havia a menção de algumas seleções iniciais de predicados extralógicos, mas a escolha desses predicados é relevante apenas para as aplicações e pode ser ignorada na teoria formal no mesmo espírito com que deixamos de lado a questão da natureza específica dos objetos de ordem 0. Além disso, como foi notado em outro contexto no final da seção precedente, podemos omitir o uso poliádico de variáveis ligáveis; e podemos reescrever as formas residuais "F^3x", "G^2F^3" etc., na notação escolhida "$x^0 \in y^3$", "$y^3 \in z^2$" etc. A notação, portanto, torna-se idêntica àquela do Ensaio V, mas com expoentes adicionados a todas as variáveis. Não há restrições análogas às da teoria dos tipos: nenhuma exigência de consecutividade, na verdade, nenhuma restrição sobre a significatividade das combinações. Combinações como "$y^3 \in z^2$" podem ser retidas como significativas, inclusive como verdadeiras para alguns valores de y^3 e z^2, apesar do fato de todos os membros de z^2 serem de ordem 1; pois, sendo as ordens cumulativas, y^3 pode ser de ordem 1.

Além disso, as regras R1-R5 do Ensaio V podem ser transpostas intactas, exceto pelo fato de serem necessárias algumas restrições sobre R2-R3. A restrição sobre R2 é que *o expoente de β não deve exceder o de α*. A razão é evidente: se α toma classes de ordem m como valores e β toma classes de ordem n como valores, então todos os possíveis valores de β serão incluídos entre os de α somente se $m \geq n$. A restrição sobre R3 é que *"y" e "x" devem admitir expoentes ascendentes, e ɸ não deve conter nenhum expoente maior do que o de "x", e nenhum de igual altura dentro dos quantificadores*. Essa restrição reflete o fato de que classes de ordem $m + 1$ delimitam seus membros a partir da ordem m de acordo com as condições formuláveis em L_m.

P1 pode ser mantido, mas os sinais "⊂" e "=" devem ser redefinidos, atentando agora para os expoentes, da seguinte forma: "$x^m \subset y^n$" e "$x^m = y^n$", para cada escolha de m e n, são abreviações, respectivamente, de:

$$(z^{m-1})(z^{m-1} \in x^m \supset z^{m-1} \in y^n), \qquad (z^{m+1})(x^m \in z^{m+1} \supset y^n \in z^{m+1}).$$

Também precisamos, para todas as escolhas de expoentes, do postulado:

$$x = y \supset (x \in z \equiv y \in z).$$

Essa teoria das classes é muito parecida com a de Weyl e comparável em força à chamada teoria dos tipos ramificada de Russell,[20] que Fitch (1938) provou ser consistente; mas é muito mais simples na forma do que qualquer um desses sistemas. Como estes, ela representa uma posição conceitualista oposta ao realismo platônico;[21] ela trata as classes como construções em vez de descobertas. O tipo de raciocínio ao qual remonta é aquele ao qual Poincaré (1910) levantou objeções (p.43-8), sob o nome *definição impredicativa*, a saber, a especificação de uma classe pelo recurso a um reino de objetos entre os quais a própria classe está incluída. A restrição anterior sobre R3 é uma formulação precisa da proibição da chamada definição impredicativa.

Se as classes forem tidas como preexistentes, obviamente não há nenhuma objeção a isolar uma em função de uma característica que pressupõe sua existência; para o conceitualista, por outro lado, as classes existem apenas na medida em que admitem uma geração ordenada. Essa maneira de indicar a posição do conceitualista é, na verdade, vaga e metafórica, e, ao parecer extrair leis lógicas de processos temporais, é enigmática e errônea. No entanto, a fim de oferecer uma formulação estrita dessa posição, livre de metáforas, podemos apontar o próprio sistema acima.

Vejamos agora como o paradoxo de Russell é bloqueado. A prova do paradoxo de Russell consistia em tomar o ϕ de R3 como "$\sim(y \in y)$" e, em seguida, tomar y como x. Agora, o primeiro passo ainda se mantém, apesar da restrição sobre R3. Obtemos:

---

[20] Sem o axioma da redutibilidade. Ver a seguir, p.178.
[21] Ver anteriormente, p.28 et seq. A posição conceitualista quanto aos fundamentos da Matemática algumas vezes é chamada de *intuicionismo*, em um sentido amplo do termo. Em um uso mais estrito, "intuicionismo" refere-se apenas ao tipo especial de conceitualismo de Brouwer e Heyting, que suspende a lei do terceiro excluído.

(6) $(\exists x^{n+1}) (y^n) [y^n \in x^{n+1} \equiv \sim(y^n \in y^n)]$

para cada n. Mas o segundo passo, que levaria à autocontradição:

(7) $(\exists x^{n+1}) [x^{n+1} \in x^{n+1} \equiv \sim(x^{n+1} \in x^{n+1})]$,

é bloqueado. A derivação de (7) a partir de (6) por meio de R1, R2, R4 e R5, se levada a cabo explicitamente, faria uso deste caso de R2:

$(y^n) [y^n \in x^{n+1} \equiv \sim(y^n \in y^n)] \supset [x^{n+1} \in x^{n+1} \equiv \sim(x^{n+1} \in x^{n+1})]$.

Mas esse caso viola a restrição R2, pois $n + 1$ excede n.

Intuitivamente, a situação é a seguinte. (6), que é válida, nos assegura a existência, para qualquer n, da classe dos não membros de si mesmos de ordem 1. Mas essa classe não é, ela própria, de ordem n; logo, a questão, se ela pertence a si mesma, não ocasiona o paradoxo.

A teoria conceitualista das classes não requer nenhuma classe para existir além daquelas que correspondem a condições exprimíveis de pertencimento. Foi notado na seção anterior que o teorema de Cantor levaria à situação contrária; no entanto, seu teorema não vale aqui, pois a prova de Cantor recorria a uma classe h daqueles membros de uma classe k que não são membros das subclasses de k a que estão correlacionados.[22] Mas essa maneira de especificar h é impredicativa, envolvendo uma quantificação das subclasses de k, entre as quais está a própria h.

---

[22] Ver nota da p.134.

É assim que um teorema da Matemática clássica ou semiclássica é abandonado pelo conceitualismo. O mesmo destino acomete a prova de Cantor da existência de infinidades além das enumeráveis; esse teorema, na verdade, é apenas um corolário do teorema discutido anteriormente. Até aqui, não há problemas em descartá-lo. Mas obstáculos acabam vindo ao encontro das provas, inclusive de certos teoremas mais tradicionais e claramente mais desejáveis; por exemplo, a prova de que toda classe limitada de nossos números reais tem um limite superior.

Quando Russell propôs sua teoria ramificada dos tipos, essas limitações levaram-no a adicionar seu "axioma da redutibilidade". Mas a adição desse axioma, injustificável de um ponto de vista conceitualista, resulta no restabelecimento de toda lógica platônica das classes. Um conceitualista sério rejeitará o axioma da redutibilidade como falso.[23]

7

O platonista pode digerir qualquer coisa menos uma contradição e, quando a contradição aparece, ele se contenta em removê-la com uma restrição *ad hoc*. O conceitualista é mais cauteloso; ele tolera a Aritmética elementar e muitas outras coisas, mas rejeita a teoria dos infinitos superiores e partes da teoria superior dos números reais. Em um aspecto fundamental, no entanto, o conceitualista e o plantonista se assemelham: ambos admitem universais, classes, irredutivelmente como valores de suas variáveis ligadas. A teoria platonista das classes da §5 e a teoria conceitualista das classes

---

[23] Ver Quine (1936).

da §6 diferem apenas nisto: na teoria platonista, o universo das classes é limitado com má vontade e minimamente pelas restrições cujo único propósito é evitar paradoxos, ao passo que, na teoria conceitualista, o universo das classes é limitado cuidadosa e drasticamente em termos de uma metáfora da criação progressiva. Seria um equívoco supor que essa metáfora realmente dá conta das classes ou as elimina por explicação, pois não há nenhuma indicação de como a quantificação conceitualista sobre classes pode ser parafraseada em alguma notação mais básica ou ontologicamente mais inocente. O conceitualista tem, na verdade, uma razão para achar que seu fundamento é mais sólido que o do platonista, mas sua razão é limitada a estes dois pontos: o universo das classes que ele admite é mais magro que o do platonista, e o princípio por meio do qual ele o limita repousa sobre uma metáfora que tem um valor intuitivo.

A posição heroica ou quixotesca é aquela do nominalista, que renega por completo a quantificação sobre universais, por exemplo, sobre classes. Ele permanece livre para aceitar a lógica das funções de verdade, da quantificação e da identidade, e também quaisquer predicados fixos que se apliquem a particulares ou não universais (qualquer que seja a maneira como são interpretados). Ele pode inclusive aceitar as chamadas álgebras de classes e relações no sentido mais estrito, e as expressões mais rudimentares da Aritmética, pois essas teorias podem ser reinterpretadas como meras variantes notacionais da lógica da quantificação e da identidade.[24] Ele pode aceitar as leis que contêm variáveis para classes, relações e números, desde que se sustente que as leis valem para todas essas variáveis; ele pode tratar tais leis como esquemas, como

---

[24] Ver Quine (1950, p.230 et seq., 239).

as leis da lógica das funções de verdade e da quantificação. Mas as variáveis ligadas para classes, relações ou números, se ocorrerem em quantificadores existenciais ou em quantificadores universais dentro de proposições subordinadas, devem ser recusadas pelo nominalista em todos os contextos de que ele não possa eliminá-las por meio de paráfrases. Ele tem de recusá-las quando precisar delas.

O nominalista poderia, obviamente, obter liberdade integral para quantificar sobre números se ele os identificasse, por meio de alguma correlação arbitrária, como vários particulares do universo reconhecido por ele – por exemplo, com os indivíduos concretos do mundo físico. Mas esse procedimento tem a desvantagem de não poder garantir a multiplicidade infinita de números que a Aritmética clássica exige. O nominalista recusou o universo infinito dos universais como um mundo de sonhos; ele não imputará infinitude ao seu universo de particulares a menos que este acabe sendo infinito à maneira de um fato objetivo – atestado, por exemplo, pelo físico. De um ponto de vista matemático, na verdade, a oposição importante das doutrinas aqui consiste precisamente na oposição entre a reticência e a disposição em postular, de saída, um universo infinito. Essa é uma divisão mais clara do que aquela entre nominalistas e outros, tal como concebida normalmente, pois esta última divisão depende de uma distinção não muito clara entre o que é qualificado como particular e o que conta como universal. Na oposição entre conceitualistas e platonistas, por sua vez, temos uma oposição entre os que admitem apenas um grau de infinidade e os que admitem uma hierarquia cantoriana de infinidades.

O nominalista, ou aquele que mantém um agnosticismo acerca da infinitude das entidades, ainda pode acomodar de maneira indireta as matemáticas do infinitista – conceitualista ou platonista. Embora não possa acreditar nessas matemáticas, ele pode formular as leis de seu desenvolvimento.[25] Mas ele também gostaria de mostrar que, seja qual for o serviço que a Matemática clássica presta à ciência, ele pode ser igualmente prestado, teoricamente, mesmo que com menos simplicidade, por métodos realmente nominalistas, sem a ajuda de uma Matemática desprovida de significado cuja mera sintaxe é descrita de maneira nominalista. E aqui ele tem um trabalho dobrado, ao encontrar uma forte tentação de cair nas formas mais fáceis do conceitualista, que, aceitando uma fatia convenientemente grande da Matemática clássica, precisa apenas mostrar a dispensabilidade da teoria dos infinitos superiores e partes da teoria dos números reais.

Taticamente, o conceitualismo é sem dúvida a posição mais forte das três, pois o nominalista cansado pode cair no conceitualismo e ainda tranquilizar sua consciência puritana com a noção de que não foi flagrado comendo lótus com os platonistas.

---

[25] Ver anteriormente, p.29.

VII

NOTAS SOBRE A TEORIA DA REFERÊNCIA

1

Quando se atenta adequadamente para a distinção entre significado e referência,[1] os problemas daquilo que é vagamente chamado de semântica se separam em duas províncias tão fundamentalmente distintas a ponto de não merecerem, de forma alguma, uma denominação comum. Eles podem ser chamados de *teoria do significado* e *teoria da referência*. "Semântica" seria um bom nome para a teoria do significado, não fosse o fato de que alguns dos melhores trabalhos da assim chamada semântica, notadamente os de Tarski, pertencem à teoria da referência. Os principais conceitos da teoria do significado, além do próprio conceito de significado, são *sinonímia* (ou identidade de significado), *significância* (ou posse de significado) e *analiticidade* (ou verdade em virtude do significado). Outro é o de *implicação* ou analiticidade do condicional. Os principais conceitos da teoria da referência

---

[1] Ver anteriormente, p.21, 38.

são: *nomeação, verdade, denotação* (ou ser verdadeiro de) e *extensão*. Outro é a noção de *valores* de variáveis.

As fronteiras entre os domínios não são barreiras. Dados dois domínios, nada impede que um conceito possa ser composto de conceitos dos dois domínios. Mas, se isso acontecesse no caso da teoria do significado e da teoria da referência, nós provavelmente colocaríamos o conceito híbrido como parte da teoria do significado simplesmente porque a teoria do significado está em um estado pior do que a teoria da referência e, entre as duas, é a que, portanto, tem os pressupostos mais complicados.

Quando aplicada ao discurso com uma forma explicitamente quantificacional de linguagem, a noção de compromisso ontológico pertence à teoria da referência. Dizer que uma dada quantificação existencial pressupõe objetos de um dado tipo é dizer simplesmente que a sentença aberta depois do quantificador é verdadeira acerca de alguns objetos desse tipo e de nenhum objeto que não seja desse tipo. Por outro lado, na medida em que nos propomos a falar de compromisso ontológico no que concerne ao discurso sem uma forma explicitamente quantificacional de linguagem, e baseamos nossa discussão em uma suposta sinonímia entre os enunciados dados e suas traduções em uma linguagem quantificacional, estamos obviamente envolvidos com a teoria do significado.

Dada uma teoria, um aspecto filosoficamente interessante que podemos investigar é sua ontologia. Mas também podemos investigar sua ideologia (para dar um bom sentido a uma palavra ruim): quais ideias podem ser expressas nela? A ontologia de uma teoria não tem uma correspondência simples com sua ideologia. Desse modo, considere a teoria usual dos números reais. Sua ontologia exaure os números reais, mas sua ontologia – a gama de ideias expressáveis separadamente – abarca ideias individuais de apenas alguns dos números reais, pois se sabe que nenhuma notação é adequada para a especificação de cada número real.[2] Por outro lado, a ideologia também abarca muitas dessas ideias, como soma, raiz, racionalidade, algebraicidade e similares, que não precisam ter nenhum correlato ontológico na gama das variáveis de quantificação da teoria.

Duas teorias podem ter a mesma ontologia e diferentes ideologias. Duas teorias dos números reais, por exemplo, podem concordar ontologicamente, já que demandam todos e apenas números reais como valores de suas variáveis, mas elas ainda podem diferir ideologicamente, já que uma teoria é expressa em uma linguagem na qual a sentença:

(1) o número real x é um número inteiro

pode ser traduzida, enquanto a outra, não. Note a importância desse exemplo particular; Tarski (1948) provou a completude de certa teoria elementar T dos números reais, e sabemos, pela prova de Gödel (1931), da incompletude da teoria dos números inteiros que o feito de Tarski seria impossível se (1) fosse traduzível na notação de T.

É instrutivo observar que a ontologia de uma teoria pode abarcar objetos de algum tipo K, mesmo quando K não é definível nos termos da teoria. Por exemplo, é possível mostrar que a ontologia de T abarca todos os números reais, apesar do fato de (1) não ser traduzível na notação de T.

Descrevi vagamente a ideologia de uma teoria ao perguntar quais ideias são exprimíveis na linguagem da teoria. A ideologia parece, pois, nos envolver com a ideia de ideia. Mas essa formulação pode muito bem ser deixada de lado, e com ela

---

[2] Ver, por exemplo, Quine (1940), p.273 et seq.

o termo "ideologia". Pois o trabalho substancial, que caberia à ideologia, consiste precisamente na teoria da *definibilidade*; e essa teoria, longe de depender da ideia, situa-se claramente fora da teoria do significado e se enquadra perfeitamente na teoria da referência. A palavra "definição" tem comumente a conotação de sinonímia,[3] que pertence à teoria do significado; a literatura matemática sobre a definibilidade,[4] todavia, trata a definibilidade apenas no sentido mais inócuo, a saber: diz-se que um termo geral t é definível em qualquer fragmento da linguagem que inclui a sentença S, tal que S inclui a variável "x" e é satisfeita por todos e apenas os valores de "x" dos quais t é verdadeiro. Assim interpretada, a definibilidade baseia-se apenas na identidade da referência – identidade de extensão da parte de t e S. A definibilidade de outras categorias além dos termos gerais pode ser explicada de forma completamente idêntica. Um teorema típico da teoria da definibilidade nesse sentido, e, portanto, da teoria da referência, é a observação anterior de que "inteiro" não é definível em T.

2

Nos ensaios II e III, insistimos sobre o estado lamentável da teoria do significado. Mas a teoria da referência também tinha seus problemas, pois é o lugar dos chamados paradoxos semânticos.

O mais conhecido dos paradoxos é o de Epimênides, cuja versão antiga era a seguinte: Epimênides, o cretense, diz que os cretenses sempre mentem; então, seu enunciado tem

---

[3] Ver anteriormente, p. 43 et seq.
[4] Tarski (1935-36); Robinson (1949); Myhill (1950); Church e Quine. Ver também p.117.

de, se for verdadeiro, ser uma mentira. Aqui não estamos obviamente enredados em um paradoxo real, mas apenas na conclusão de que Epimênides mente nesse caso e que alguns cretenses algumas vezes não mentem. A situação pode engendrar um paradoxo, no entanto, adotando três premissas históricas: não apenas (a) que Epimênides era cretense e (b) que Epimênides disse que os cretenses nunca dizem a verdade, mas também (c) que todos os outros enunciados ditos por cretenses são, de fato, falsos. Desse modo, o enunciado de Epimênides se torna falso, se verdadeiro, e verdadeiro, se falso – uma situação impossível.

É instrutivo contrastar esse paradoxo com o enigma do barbeiro. Diz-se que um homem de Alcalá barbeou todos e apenas os homens de Alcalá que não barbeiam a si mesmos; vemos que ele barbeou a si mesmo se, e apenas se, ele não barbeou a si mesmo.[5] Esse não é um paradoxo real, mas apenas a prova por *reductio ad absurdum* de que não havia tal homem em Alcalá. Por outro lado, o paradoxo de Epimênides, com o refinamento proposto, não pode ser posto de lado. Pois, enquanto é evidente que uma condição autocontraditória se impunha ao barbeiro, não podemos reconhecer tão tranquilamente a incompatibilidade das três condições (a)-(c), que são visivelmente independentes.

Uma variante do paradoxo de Epimênides, igualmente antiga, é o *pseudomenon* da escola megárica: "Eu estou mentindo". Uma versão ainda mais simples pode ser posta desse modo:

(2) (2) é falso.

---

[5] Uma versão desse enigma foi atribuída por Russell (1919, p.354) a um conhecido cujo nome ele não menciona.

É claro que (2), tal como se lê, é falsa, se verdadeira, e verdadeira, se falsa.

No esforço de escapar à pecha de autocontradição, tendo de ver (2) como verdadeira e falsa simultaneamente, pode-se arguir que (2) é simplesmente desprovida de significado, pela razão de que uma tentativa de explicitar a referência de "(2)" em (2), fazendo a citação específica de um enunciado real, leva a um regresso infinito. Mas esse protesto pode ser silenciado recorrendo a uma versão mais complexa, como a seguinte:

(3) "não produz um enunciado verdadeiro quando anexado a sua própria citação" produz um enunciado verdadeiro quando anexado a sua própria citação.

Vê-se facilmente que o enunciado (3) diz que sua própria negação é verdadeira.

Outro chamado paradoxo semântico é o de Grelling, que consiste em perguntar se o termo geral "não é verdadeiro de si mesmo" é verdadeiro de si mesmo; claramente, ele será verdadeiro de si mesmo se, e somente se, não o for. Um terceiro é o de Berry sobre o menor número não especificável com menos de 27 sílabas. Esse número acabou de ser especificado com 25 sílabas.[6]

Esses paradoxos parecem mostrar que os termos mais característicos da teoria da referência, isto é, "verdadeiro", "verdadeiro de" e "nomeação" (ou "especificação"), devem ser banidos da linguagem por não terem sentido, sob pena de contradição. Mas essa conclusão é difícil de ser aceita, pois os

---

[6] Ver Whitehead e Russell (1910-3), v.1, p.61.

três termos familiares parecem possuir uma clareza peculiar em virtude destes três paradigmas:

(4) "_____" *é verdadeiro* se, e apenas se, _____,
(5) "_____" *é verdadeiro de* toda coisa _____ e nada mais.
(6) "_____" *nomeia* _____ e nada mais.

(4) é válido quando algum enunciado é escrito nos dois espaços; (5) é válido quando algum termo geral (na forma adjetiva ou na forma substantiva, omitindo "coisa") é escrito nos dois espaços; e (6) é válido sempre que algum nome (que realmente nomeia, isto é, cujo objeto nomeado realmente existe) é escrito nos dois espaços.

Rigorosamente, as noções da teoria da referência, bem como as da teoria do significado (se forem de qualquer modo admitidas), sempre são relativas a uma linguagem; a linguagem figura, embora tacitamente, como um parâmetro. Lembre-se, pois, que se reconhecia o problema de interpretar "analítico" como o problema de interpretar "analítico em L" para a variável "L".[7] De maneira similar, um enunciado, entendido como uma cadeia de letras e sons, nunca é simplesmente verdadeiro, mas verdadeiro na linguagem L para um L apropriado. Essa não é uma doutrina filosófica da relatividade de todo fato em relação a uma linguagem; a questão é muito mais superficial. A questão é meramente que uma dada cadeia de letras e sons poderia ser ao mesmo tempo um enunciado em português e um enunciado (diferente no significado, para emprestar a expressão) em frísio, e poderia acontecer de seu

---

[7] Ver anteriormente, p.54 et seq.

significado em português ser verdadeiro e seu significado em frísio ser falso.[8] (4)-(6) deveriam ser apresentados apropriadamente da seguinte forma:

(7) "_____" é verdadeiro em L se, e apenas se, _____,
(8) "_____" é verdadeiro em L de toda coisa _____ e nada mais.
(9) "_____" nomeia em L _____ e nada mais.

Mas agora torna-se necessário que L e a linguagem em que (7)-(9) são, eles próprios, expressos (nesse caso, o português), sejam a mesma ou, ao menos, que coincidam em qualquer notação à qual (no lugar de "_____") nos propomos a aplicar (7)-(9). Do contrário, poderíamos obter falsidades como instâncias de (7)-(9), no caso raro da coincidência imaginada entre o frísio e o português; mas normalmente obteríamos apenas contrassensos, do seguinte tipo:

(10) "*Der Schnee ist weiss*" é verdadeiro em alemão se, e apenas se, *der Schnee ist weiss.*

A citação no início de (10) é, na verdade, uma expressão correta em alemão, consistindo no nome de um enunciado em alemão; mas o restante de (10) é mistura de línguas sem significado.

Se, no entanto, combinar o alemão e o português para formar uma linguagem composta, alemão-português, (10) deveria ser declarada verdadeira em alemão-português. Em geral, se uma língua L (por exemplo, alemão) está contida na

---

[8] A necessidade de permitir tais coincidências interlinguísticas na semântica teórica foi notada em outro contexto por Church (1932, 1933).

língua *L'* (por exemplo, alemão-português), de tal maneira que *L'* é simplesmente *L* mais um vocabulário suplementar ou construções gramaticais, e se, ao menos, as partes do português que figuram em (7) (excetuando os espaços) são parte de *L'*, então o resultado de colocar algum enunciado de *L* nos espaços em (7) é verdadeiro em *L'*. De maneira correspondente, isso vale para (8); se *L* está contida em *L'*, e a parte constante em (8) é parte de *L'*, então o resultado de colocar algum termo geral de *L* nos espaços em (8) é verdadeiro em *L'*. De maneira correspondente, isso vale para (9).

Ocorre que os paradoxos semânticos notados anteriormente não surgem se tomarmos as duas precauções seguintes: qualificar (4)-(6) na forma de (7)-(9), e banir termos como "verdadeiro em *L*", "verdadeiro em *L* de" e "nomeia em *L*" da linguagem *L*. Esses termos, apropriados para a teoria da referência de *L*, podem continuar a existir em uma linguagem mais inclusiva *L'* contendo *L*; e os paradigmas (7)-(9) podem, então, continuar a valer em *L'*, sem paradoxo, desde que os enunciados ou termos que preenchem os espaços pertençam não apenas a *L'*, mas especificamente a *L*.

3

É preciso notar que os paradigmas (4)-(6) não eram, estritamente falando, definições das expressões "é verdadeiro", "é verdadeiro de" e "nomeia", nem que (7)-(9) são definições das expressões "é verdadeiro em *L*", "é verdadeiro em *L* de" e "nomeia em *L*". Os paradigmas nos permitem eliminar as expressões apenas de posições precedidas por citações, não das que são, por exemplo, precedidas por pronomes ou variáveis de quantificação. Não obstante, os paradigmas parecem definições no seguinte aspecto fundamental: eles não deixam nenhuma ambiguidade a respeito das extensões, das gamas de aplicação, das expressões em questão. No caso de (7), isso aparece da seguinte forma: supondo duas interpretações diferentes de "verdadeiro em L" compatíveis com (7), distingamos ambas escrevendo "verdadeiro$_1$ em L" e "verdadeiro$_2$ em L", e façamos com que (7)$_1$ e (7)$_2$ sejam (7) com os respectivos índices. De (7)$_1$ e (7)$_2$, segue-se logicamente que

"_____" verdadeiro$_1$ em L se, apenas se, "_____" verdadeiro$_2$ em L,

qualquer que seja o enunciado de L que escrevamos para "_____". Desse modo, verdadeiro$_1$ em L e verdadeiro$_2$ em L coincidem. Raciocínios similares funcionam para (8) e (9).

Tarski, a quem devemos em parte as reflexões anteriores sobre a verdade (1936, 1944), chega a mostrar que "verdadeiro em L" é, de fato, genuinamente definível em L' se forem dadas certas circunstâncias gerais. Suponhamos que L seja uma linguagem com a forma geral descrita na página 50-1, e que todo o vocabulário de predicados de L esteja fixado em uma lista finita. Suponha, além disso, que L' contenha L e também uma terminologia linguística específica adequada para nomear cada símbolo individual de L e para expressar a concatenação de símbolos. Por fim, suponhamos que L' possua um complemento natural da notação lógica, incluindo a da teoria das classes. Ora, Tarski mostra como formular na notação de L' uma sentença "---x---" que preencha:

---x--- se, e apenas se, _____

sempre que um enunciado de L é colocado no lugar de "_____" e um nome desse enunciado é colocado no lugar de "x". Em suma, ele mostra que "verdadeiro em L", no sentido que se conforma a (7), é definível em *L'*, no sentido de "definível" que se conforma às páginas anteriores do presente ensaio.[9] Sua construção real não será dada aqui.

Em certas notações formalizadas, capazes de tratar de sua própria gramática ou de alguns temas em que um modelo de sua gramática pode ser construído, o método de Tarski nos permite derivar uma forma do paradoxo de Epimênides equivalente a (3). De fato, o teorema de Gödel (1931) sobre a incompletabilidade da teoria dos números pode ser alcançado por uma *reductio ad absurdum* na mesma linha; tal é meu método em Quine (1940, capítulo 7). De maneira geral, se *L* não deve estar envolvida no paradoxo de Epimênides, "verdadeiro em *L*" deve ser definível apenas em uma *L'* que inclui a notação para uma teoria lógica mais forte (uma teoria das classes mais forte, por exemplo) do que aquela disponível em *L*.[10]

A construção de Tarski acerca da verdade pode ser estendida a outros conceitos da teoria da referência. É um fato notável que essas noções, apesar dos paradoxos que lhes associamos, sejam muito menos nebulosas e misteriosas do que as noções da teoria do significado. Temos paradigmas gerais (7)-(9) que, embora não sejam definições, servem para dar a "verdadeiro em *L*", "verdadeiro em *L* de" e "nomeia em *L*" tanta clareza quanto, em cada aplicação particular, têm as expressões particulares de *L* às quais os aplicamos. A atribuição de verdade em particular a "A neve é branca", por

---

[9] Ignora-se às vezes que não é preciso exigir, e isso Tarski não exigiu, que os enunciados da forma (7) [ou (8) ou (9)[sejam analíticos. Esse ponto foi retificado várias vezes; cf. Lewy (1947), White (1948), Thomson (1949).

[10] Ver Tarski (1936, 1939, 1944); também Quine (1952). Mas, se *L* é especialmente fraco de certa forma, essa exigência falha, como testemunha o sistema de Myhill, que prescinde da negação.

exemplo, é tão clara para nós quanto a atribuição de brancura à neve. Na construção técnica de Tarski, além disso, temos um procedimento geral explícito para definir verdadeiro em L para línguas individuais L que se conformam a certos padrões e são bem especificadas quanto ao vocabulário. De fato, não temos uma definição similar única de "verdadeiro em L" para a variável "L"; mas o que temos basta para dar a "verdadeiro em L", mesmo para a variável "L", um grau alto o bastante de inteligibilidade; assim, é pouco provável que tenhamos aversão a usar a expressão. Nenhum termo, é claro, é definível a não ser em outros termos, e a urgência da exigência por definição é proporcional à obscuridade do termo.

Veja-se o quão desfavorável é a comparação da noção de analiticidade em L, característica da teoria do significado, com a de verdadeiro em L. Não temos nenhum padrão valorativo para a primeira, comparável com (7). Também não temos nenhum procedimento sistemático para construir definições de "analítico em L", mesmo para as várias escolhas individuais de L; a definição de "analítico em L" para cada L pareceu, antes, ser um projeto contra si mesmo.[11] O princípio mais evidente de unificação, ligando analiticidade em L para uma escolha de L com analiticidade em L para outra escolha de L, é o uso comum das sílabas "analítico".

---

[11] Ver anteriormente, p.53-9.

VIII

REFERÊNCIA E MODALIDADE

1

Um dos princípios fundamentais que regem a identidade é o da *substitutibilidade* – ou, como também pode ser chamado, o da *indiscernibilidade dos idênticos*. Ele assegura que, *dado um enunciado de identidade verdadeiro, um de seus dois termos pode ser substituído pelo outro em qualquer enunciado verdadeiro e o resultado será verdadeiro*. É fácil encontrar casos contrários a esse princípio. Por exemplo, os enunciados:

(1) Giorgione = Barbarelli,
(2) Giorgione era chamado assim por causa de seu tamanho,

são verdadeiros; no entanto, a substituição do nome "Giorgione" pelo nome "Barbarelli" torna (2) falso:

Barbarelli era chamado assim por causa de seu tamanho.

Além disso, os enunciados:

(3) Cícero = Túlio,
(4) "Cícero" contém seis letras

são verdadeiros, mas a troca do primeiro nome pelo segundo torna (4) falso. Apesar disso, a base do princípio de substitutibilidade parece completamente sólida; tudo o que pode ser dito da pessoa Cícero (ou Giorgione) deveria ser igualmente verdadeiro da pessoa Túlio (ou Barbarelli), já que são a mesma pessoa.

No caso de (4), o paradoxo se dissolve imediatamente. O fato é que (4) não é um enunciado sobre a pessoa Cícero, mas simplesmente sobre a palavra "Cícero". O princípio de substitutibilidade não deveria ser estendido a contextos em que o nome a ser substituído ocorre sem se referir simplesmente ao objeto. A falha na substitutibilidade revela apenas que a ocorrência a ser substituída não é *puramente referencial*,[1] isto é, que o enunciado depende não apenas do objeto, mas da forma do nome. Pois é claro que tudo o que pode ser afirmado sobre o objeto permanece verdadeiro quando nos referimos a ele por meio de qualquer outro nome.

Uma expressão que consiste em outra expressão entre aspas constitui um nome dessa outra expressão; e é claro que a ocorrência dessa expressão ou de uma parte dela, no contexto da citação, não é referencial. Em particular, a ocorrência do nome próprio no contexto da citação em (4) não é referencial, não está sujeita ao princípio da substitutibilidade. O nome próprio ocorre ali apenas como fragmento de um nome maior que contém, além do fragmento, o par de aspas. Fazer

---

[1] Frege (1949) falou de ocorrências diretas (*gerade*) e oblíquas (*ungerade*), e usou a substitutividade da identidade como critério, exatamente do mesmo modo como fazemos aqui.

a substituição por um nome próprio nesse contexto seria tão injustificado quanto fazer a substituição do termo "cão" no contexto "furacão".[2]

O exemplo (2) é um pouco mais sutil, pois é um enunciado sobre um homem e não apenas sobre seu nome. Era o homem, não o nome, que era chamado assim, e isso por causa de seu tamanho. Apesar disso, a falha na substitutibilidade mostra que a ocorrência do nome próprio em (2) não é puramente referencial. Com efeito, é fácil traduzir (2) em outro enunciado que contém duas ocorrências do nome, uma puramente referencial e outra não:

(5) Giorgione era chamado "Giorgione" por causa de seu tamanho.

A primeira ocorrência é puramente referencial. A substituição com base em (1) converte (5) em outro enunciado igualmente verdadeiro:

Barbarelli era chamado "Giorgione" por causa de seu tamanho.

A segunda ocorrência do nome próprio não é referencial tanto quanto não o é qualquer outra ocorrência no contexto da citação.

Não seria completamente correto concluir que uma ocorrência de um nome entre aspas nunca é referencial. Considere os enunciados:

(6) "Giorgione jogava xadrez" é verdadeiro,

---

[2] No original, o par de termos do exemplo é "cat" (gato)/"cattle" (rebanho).

(7) "Giorgione" nomeava um jogador de xadrez,

cada um dos quais é verdadeiro ou falso conforme o enunciado sem aspas:

(8) Giorgione jogava xadrez

seja verdadeiro ou falso. Nosso critério de ocorrência referencial torna a ocorrência do nome "Giorgione" em (8) referencial, e tem de tornar a ocorrência de "Giorgione" em (6) e (7) referencial pela mesma razão, apesar da presença das aspas em (6) e (7). A questão envolvida na citação não é que ela tem de destruir a ocorrência referencial, mas que ela pode destruir (e normalmente destrói) a ocorrência referencial. Os exemplos (6) e (7) são excepcionais na medida em que os predicados especiais "é verdadeiro" e "nomeava" acabam por anular as aspas, como fica evidente na comparação de (6) e (7) com (8).

Para ter um exemplo de outro tipo comum de enunciado em que nomes não ocorrem referencialmente, considere uma pessoa qualquer chamada Felipe, que satisfaça a condição:

(9) Felipe não sabe que Túlio denunciou Catilina,

ou talvez a condição:

(10) Felipe acredita que Tegucigalpa fica na Nicarágua.

A substituição com base em (3) transforma (9) no enunciado:

(11) Felipe não sabe que Cícero denunciou Catilina,

que é, sem dúvida, falso. A substituição com base na identidade verdadeira:

Tegucigalpa = capital de Honduras

transforma a verdade de (10), da mesma maneira, na falsidade:

(12) Felipe acredita que a capital de Honduras fica na Nicarágua.

Vemos, pois, que as ocorrências dos nomes "Túlio" e "Tegucigalpa" em (9)-(10) não são puramente referenciais.

Nesse ponto, há um contraste fundamental entre (9) ou (10) e:

Crasso ouviu Túlio denunciar Catilina.

Este enunciado afirma a relação entre três pessoas, e estas permanecem assim relacionadas independentemente dos nomes aplicados a elas. Mas não se pode considerar que (9) afirma uma relação entre três pessoas, nem (10), uma relação entre uma pessoa, uma cidade e um país, ao menos se interpretarmos nossas palavras de modo a admitir (9) e (10) como verdadeiros e (11) e (12) como falsos.

Alguns leitores podem querer interpretar a ignorância e a crença como relações entre pessoas e enunciados, escrevendo, portanto, (9) e (10) da seguinte forma:

(13) Felipe não sabe que "Cícero denunciou Catilina",
(14) Felipe acredita que "Tegucigalpa fica na Nicarágua",

para colocar no contexto das aspas qualquer ocorrência não referencial de um nome. Church (1950) argumenta contra isso. Assim, ele explora o conceito de analiticidade, em relação ao qual sentimos desconfiança (ver anteriormente, p.41-59); ainda assim seu argumento não pode ser descartado sem mais, nem precisamos aqui nos posicionar sobre a questão. Basta dizer que certamente não há nenhuma *necessidade* de interpretar (9)-(10) na forma de (13)-(14). O que *é* imperativo é observar apenas que os contextos "não sabe que..." e "acredita que..." *assemelham-se* ao contexto das aspas no seguinte aspecto: um nome pode ocorrer referencialmente em um enunciado *E* e, ainda assim, não ocorrer referencialmente em um enunciado mais longo, formado ao incluir *E* no contexto "não sabe que..." ou "acredita que...". Para resumir a situação em uma palavra, podemos falar de contextos "não sabe que..." e "acredita que..." como *referencialmente opacos*.[3] O mesmo é verdade para os contextos "sabe que...", "diz que...", "duvida que...", "está surpreso que..." etc. Seria cuidadoso, mas desnecessário, forçar todos os contextos referencialmente opacos a entrar no molde da citação; de maneira alternativa, podemos reconhecer a citação como um dentre muitos contextos referencialmente opacos.

Será mostrado, em seguida, que a opacidade referencial afeta também os chamados contextos *modais* "necessariamente..." e "possivelmente...", ao menos quando se der a eles o sentido de *estrita* necessidade e possibilidade, como na lógica modal de Lewis.[4] Segundo o sentido estrito de "necessariamente" e "possivelmente", estes enunciados deveriam ser vistos como verdadeiros:

(15) 9 é necessariamente maior do que 7,
(16) Necessariamente, se há vida na estrela da tarde, então há vida na estrela da tarde,
(17) O número de planetas é possivelmente menor do que 7,

e estes, como falsos:

---

[3] Esse termo é, *grosso modo*, o oposto do termo de Russell "transparente", tal como é usado no Apêndice C dos *Principia*, 2.ed., v.1.
[4] Lewis (1918, cap.5); Lewis e Langford (1932), p.78-89, 120-66.

(18) O número de planetas é necessariamente maior do que 7,
(19) Necessariamente, se há vida na estrela da tarde, então há vida na estrela da manhã,
(20) 9 é possivelmente menor do que 7.

A ideia geral das modalidades estritas baseia-se na suposta noção de analiticidade do seguinte modo: um enunciado da forma "necessariamente..." é verdadeiro se, e somente se, o enunciado componente que "necessariamente" rege é analítico, e um enunciado da forma "possivelmente..." é falso se, e somente se, a negação do enunciado componente que "possivelmente" rege é analítica. Assim, (15)-(17) poderiam ser parafraseados da seguinte maneira:

(21) "9 > 7" é analítico
(22) "Se há vida na estrela da tarde, então há vida na estrela da tarde" é analítico
(23) "O número de planetas não é menor do que 7" é analítico,

e de maneira correspondente para (18)-(20).

Que os contextos "necessariamente..." e "possivelmente..." são referencialmente opacos, pode agora ser visto de imediato, pois a substituição com base nas identidades verdadeiras:

(24) O número de planetas = 9,
(25) A estrela da tarde = a estrela da manhã

transforma as verdades (15)-(17) nas falsidades (18)-(20).

Note que o fato de (15)-(17) serem equivalentes a (21)-(23) e o fato de "9", "estrela da tarde" e "o número de planetas" ocorrerem entre aspas em (21)-(23) não teriam, por si mesmos, nos justificado a concluir que "9", "estrela da tarde" e "o número de planetas" ocorrem não referencialmente em (15)-(17). O argumento, entretanto, deveria ser a equivalência de (8) a (6) e (7), como evidência de que "Giorgione" ocorre irreferencialmente em (8). O que mostra que as ocorrências de "9", "estrela da tarde" e "o número de planetas" são não referenciais em (15)-(17) [e em (18)-(20)] é o fato de que a substituição por (24)-(25) transforma as verdades (15)-(17) em falsidades [e as falsidades (18)-(20) em verdades].

Alguns, como notamos, podem preferir considerar (9) e (10) como se tivessem sua expressão fundamental em (13) e (14). No mesmo espírito, muitos preferirão considerar (15)-(17) como se tivessem sua expressão fundamental em (21)-(23).[5] Mas isso é novamente desnecessário. Certamente não consideraríamos (6) e (7) como, de alguma forma, mais básicos do que (8), e não precisamos enxergar (21)-(23) como mais básicos do que (15)-(17). O importante a notar é que os contextos "necessariamente..." e "possivelmente..." são, assim como a citação e "não sabe que..." e "acredita que...", referencialmente opacos.

2

O fenômeno da opacidade referencial acabou de ser explicado, recorrendo-se ao comportamento de termos singulares. Mas termos singulares são elimináveis, como sabemos (cf. p.19 et seq., 123-4 e 231 et seq.), pela paráfrase. Em última instância, os objetos referidos em uma teoria devem

---

[5] Cf. Carnap (1937, p.245-59).

ser considerados não como coisas nomeadas por termos singulares, mas os valores das variáveis de quantificação. Assim, se a opacidade referencial é uma debilidade digna de ser tratada, ela deve mostrar sintomas relacionados à quantificação tanto quanto a termos singulares.[6] Voltemos nossa atenção para a quantificação.

A ligação entre a nomeação e a quantificação está implícita na operação por meio da qual, a partir de "Sócrates é mortal", inferimos "(∃x) (x é mortal)", isto é, "Algo é mortal". Essa é a operação discutida anteriormente como *generalização existencial*, exceto que agora temos um termo singular, "Sócrates", onde antes tínhamos uma variável. A ideia por trás dessa inferência é que tudo que seja verdadeiro sobre o objeto nomeado é verdadeiro sobre algo; e claramente a inferência perde sua justificação quando o termo singular em questão não nomeia. A partir de:

Não há uma coisa tal como Pégaso

não inferimos, por exemplo:

(∃x) (não há uma coisa tal que x)

isto é, "Há algo tal que não há algo tal" ou "Há algo que não há".

É claro que essa inferência é igualmente ilegítima no caso da ocorrência não referencial de qualquer substantivo. A partir de (2), a generalização existencial levaria a:

(∃x) (x era chamado assim por causa de seu tamanho),

---

[6] No essencial, esse ponto foi levantado por Church (1942).

isto é, "Algo era chamado assim por causa de seu tamanho". Isso é obviamente sem sentido se já não houver nenhum antecedente apropriado para "chamado assim". Note-se, ao contrário, que a generalização existencial relativa à ocorrência puramente referencial em (5) produz a seguinte conclusão correta:

($\exists x$) (x era chamado "Giorgione" por causa de seu tamanho),

isto é, "Algo era chamado 'Giorgione' por causa de seu tamanho".

A operação lógica da *instanciação universal* é aquela por meio da qual a partir de "Tudo é si mesmo", por exemplo, ou em símbolos (x) ($x = x$), inferimos a conclusão Sócrates = Sócrates. A instanciação universal e a generalização existencial são os dois aspectos de um mesmo princípio, pois em vez de dizer que "(x) ($x = x$)" implica "Sócrates = Sócrates", poderíamos dizer que a negação "Sócrates ≠ Sócrates" implica "($\exists x$) ($x \neq x$)". O princípio envolvido nessas duas operações é a ligação entre quantificações e os enunciados singulares que lhes estão ligados como instâncias. Apesar disso, fala-se de um princípio apenas por benevolência. Ele vale apenas no caso em que um termo nomeia e, além disso, ocorre referencialmente. Ele é simplesmente o conteúdo lógico da ideia de que uma dada ocorrência é referencial. O princípio é, por essa razão, anômalo, sendo um apêndice à teoria puramente lógica da quantificação. Disso vem a importância do fato de que todos os termos singulares, exceto as variáveis que servem como pronomes quando ligadas a quantificadores, são dispensáveis e elimináveis pela paráfrase.[7]

Vimos há pouco o que acontecia com o contexto referencialmente opaco (2) sob a generalização existencial. Vejamos o que acontece com nossos outros contextos referencialmente opacos. Aplicada à ocorrência do nome próprio em (4), a generalização existencial nos levaria a:

(26) $(\exists x)$ ("x" contém seis letras),

isto é,

(27) Há algo tal que "algo" contém seis letras,

ou talvez:

(28) "Algo" contém seis letras.

Ora, a expressão:

"x" contém seis letras

significa simplesmente:

A 24ª letra do alfabeto contém seis letras.

---

[7] Ver anteriormente, p.19 et seq., 27, e, a seguir, p.231 et seq. Note que uma generalização existencial como a da p.169 não pertence à teoria da quantificação pura, pois tem a ver com variáveis livres e não com termos singulares. O mesmo é verdade acerca do uso correlativo da instanciação universal, como aparece em R2 do Ensaio V.

Em (26), a ocorrência da letra no contexto das aspas é tão irrelevante para o quantificador que a precede quanto a ocorrência da mesma letra no contexto "xis". (26) consiste apenas em uma falsidade precedida por um quantificador irrelevante. (27) é similar; sua parte:

"algo" contém seis letras

é falsa, e o prefixo "há algo tal que" é irrelevante. (28), novamente, é falso, se por "contém seis" queremos dizer "contém exatamente seis".

É menos evidente e, por isso mesmo, mais importante, reconhecer que a generalização existencial também é ilegítima no caso de (9) e (10). Aplicada a (9), ela leva a:

($\exists x$) (Felipe não sabe que x denunciou Catilina),

isto é,

(29) Algo é tal que Felipe não sabe que x denunciou Catilina.

Qual é o objeto que denunciou Catilina sem que Felipe tenha se tornado ciente do fato? Túlio, isto é, Cícero? Mas supor isso entraria em conflito com o fato de que (11) é falso.

Note-se que (29) não deve ser confundido com:

Felipe não sabe que ($\exists x$) (x denunciou Catilina),

que, embora seja falso, é completamente direto e não corre o risco de ser inferido pela generalização existencial a partir de (9).

Ora, a dificuldade envolvida na aparente consequência (29) a partir de (9) reaparece quando tentamos aplicar a generalização existencial a enunciados modais. As aparentes consequências:

(30) (∃x) (x é necessariamente maior do que 7),
(31) (∃x) (necessariamente, se há vida na estrela da tarde, então há vida em x),
a partir de (15) e (16), levantam as mesmas questões que (29). Qual é o número que, de acordo com (30), é necessariamente maior do que 7? De acordo com (15), a partir do qual (30) foi inferido, era 9, isto é, o número de planetas; mas suponha que isso entrasse em conflito com o fato de que (18) é falso. Em suma, ser necessariamente maior do que 7 não é uma propriedade de um número, mas depende da maneira de se referir ao número. Além disso, qual é a coisa x cuja existência é afirmada em (31)? De acordo com (16), a partir do qual (31) foi inferido, era a estrela da tarde, isto é, a estrela da manhã; mas supor isso entraria em conflito com o fato de que (19) é falso. Ser necessariamente ou possivelmente assim ou assado não é, em geral, uma propriedade do objeto em questão, mas depende da maneira de se referir ao objeto.

Note que (30) e (31) não devem ser confundidos com:

Necessariamente (∃x) (x > 7),
Necessariamente (∃x) (se há vida na estrela da tarde, então há vida em x),

que não apresentam nenhum problema de interpretação comparável ao apresentado por (30) e (31). A diferença pode ser acentuada mudando o exemplo: em um jogo que não admita empate, é necessário que algum jogador ganhe, mas não há um jogador a respeito do qual se possa dizer que é necessário que ele ganhe.

Vimos, na seção anterior, como a opacidade referencial se manifesta em relação aos termos singulares, e a tarefa que nos colocamos nos início desta seção era entender como a opacidade referencial se manifesta em relação às variáveis da quantificação. A resposta agora é aparente: se aplicarmos um quantificador a um contexto referencialmente opaco de uma variável, com a intenção de que essa variável seja regida por ele de fora do contexto referencialmente opaco, normalmente obtemos um sentido inesperado ou um contrassenso, do tipo (26)-(31). Em uma palavra, em geral, não podemos propriamente *quantificar dentro* de contextos referencialmente opacos.

O contexto da citação e outros contextos "... era chamado assim", "não sabe que..." ou "acredita que...", "necessariamente..." e "possivelmente..." foram declarados referencialmente opacos na seção anterior em virtude da falha da substitutividade da identidade aplicada a termos singulares. Na presente seção, esses contextos foram declarados referencialmente opacos por um critério que tem a ver não mais com termos singulares, mas com o fracasso da quantificação. Na verdade, o leitor pode ter a impressão de que, com esse segundo critério, nós, no final das contas, não abandonamos os termos singulares, pois o descrédito das quantificações (29)-(30) ainda se baseava em uma interação entre os termos singulares "Túlio" e "Cícero", "9" e "o número de planetas", "estrela da tarde" e "estrela da manhã". Na verdade, esse retorno na exposição é evitável, como pode ser exemplificado agora pela nova arguição da falta de significado de (30), por outra via. Tudo o que for maior do que 7 é um número, e qualquer número dado x maior do que 7 pode ser determinado unicamente por qualquer uma de várias condições, algumas das quais têm "$x > 7$" como consequência necessária e outras, não. Um e o mesmo número x é determinado unicamente pela condição:

(32) $x = \sqrt{x} + \sqrt{x} + \sqrt{x} \neq \sqrt{x}$

e pela condição:

(33) Há exatamente x planetas,

mas (32) tem "$x > 7$" como consequência necessária, ao passo que (33) não tem. Ser *necessariamente* maior do que 7 não faz sentido se aplicado a um *número* x; a necessidade se prende apenas à ligação entre "$x > 7$" e ao método particular de (32) especificar x, oposto ao método de (33).

De maneira similar, (32) não tinha significado porque o tipo de coisa x que satisfaz a condição:

(34) Se há vida na estrela da tarde, então há vida em x,

a saber, um objeto físico, pode ser determinado unicamente por qualquer uma de diferentes condições, das quais nem todas têm (34) como consequência necessária. A satisfação *necessária* de (34) não faz sentido se aplicada a um objeto físico x; a necessidade se prende, quando muito, apenas à ligação entre (34) e um ou outro meio particular de especificar x.

Dificilmente podemos superestimar a importância de reconhecer a opacidade referencial. Vimos, em §1, que a opacidade referencial pode obstruir a substitutividade da identidade. Vimos agora que ela também pode impedir a quantificação: quantificadores fora de uma construção referencialmente opaca não precisam ter ligação com as variáveis dentro dela. Isso também é óbvio no caso da citação, como testemunha o exemplo grotesco:

$(\exists x)$ ("*seis*" contém "x")

3

Vimos em (30)-(31) como um quantificador aplicado a uma sentença modal pode simplesmente levar a um contrassenso. Com efeito, contrassenso é a mera ausência de sentido, e pode sempre ser remediado pela atribuição arbitrária de sentido. Mas a questão importante a ser observada é que, mesmo concedendo uma compreensão das modalidades (pela aceitação acrítica, pelo bem do argumento, da noção subjacente de analiticidade), e dada uma compreensão do que normalmente é chamado de quantificação, não obtemos automaticamente nenhum significado para sentenças modais quantificadas, como (30)-(31). Essa questão deve ser levada em consideração por todo aquele que queira estabelecer leis para uma lógica modal quantificada.

A raiz do problema era a opacidade referencial dos contextos modais. Mas a opacidade referencial depende, em parte, da ontologia aceita, isto é, de quais objetos são admitidos como objetos possíveis de referência. Isso pode ser visto facilmente voltando por um instante ao ponto de vista da §1, em que a opacidade referencial era explicada em termos de falha da intersubstitutibilidade de nomes que nomeavam o mesmo objeto. Suponhamos agora que devamos recusar todos os objetos que, como 9 e o planeta Vênus, ou a estrela da tarde, são nomeáveis por nomes que falham na intersubstitutibilidade em contextos modais. Fazê-lo significaria eliminar todos os exemplos que indicam a opacidade de contextos modais.

Mas que objetos restariam em um universo assim purificado? Um objeto x deve cumprir a seguinte condição para sobreviver: se E é um enunciado contendo uma ocorrência referencial de um nome de x, e E' é formado a partir de E substituindo o nome de x por qualquer nome diferente de x, então E e E' não apenas devem ser iguais em seu valor de verdade, mas devem permanecer iguais em seu valor de verdade mesmo quando "necessariamente" e "possivelmente" são prefixados. Ou ainda: quaisquer dois nomes de x devem ser sinônimos. [8]

Desse modo, o planeta Vênus, como objeto material, está excluído pelo fato de possuir nomes heterônimos: "Vênus", "estrela da tarde", "estrela da manhã". Em correspondência com esses três nomes, devemos reconhecer, para que os contextos modais não sejam referencialmente opacos, três objetos em vez de um – talvez o conceito Vênus, o conceito estrela da tarde e o conceito estrela da manhã.

De maneira similar, 9, como único número inteiro entre 8 e 10, está excluído pelo fato de possuir os nomes heterônimos "9" e "o número de planetas". Em correspondência com esses dois nomes, devemos reconhecer, para que os contextos modais não sejam referencialmente opacos, dois objetos em vez de um, talvez o conceito 9 e o conceito o número de planetas. Esses conceitos não são números, pois um não é nem idêntico, nem menor, nem maior do que o outro.

A exigência de que quaisquer dois nomes de x sejam sinônimos deve ser vista como uma restrição não à admissão de objetos x, mas à admissão vocabular de termos singulares. Tanto pior, então, para essa forma de parafrasear a exigência; temos aqui simplesmente mais uma manifestação da

---

[8] Ver anteriormente, p.53-4. A sinonímia de nomes não significa apenas nomear a mesma coisa; significa que o enunciado de identidade formado pelos dois nomes é analítico.

superficialidade do tratamento das questões ontológicas do ponto de vista vantajoso dos termos singulares. A verdadeira intuição, agora em perigo de ser obscurecida, é, ao contrário, a seguinte: a necessidade não se aplica propriamente à satisfação de condições por *objetos* (tal como a bola de pedra que é Vênus ou o número que enumera os planetas), desconsiderando maneiras especiais de especificá-los. Essa questão era levantada de maneira mais conveniente pela consideração de termos singulares, mas não é suprimida por sua eliminação. Reconsideremos agora a questão do ponto de vista da quantificação, em vez do ponto de vista dos termos singulares.

Do ponto de vista da quantificação, a opacidade referencial dos contextos modais era refletida na falta de sentido de quantificações como (30)-(31). O nó do problema com (30) é que o número x pode ser determinado unicamente por uma das duas condições, por exemplo, (32) e (33), que não são necessariamente, isto é, analiticamente, equivalentes entre si. Mas suponhamos agora que devêssemos recusar todos esses objetos e ficar apenas com objetos x tais que *quaisquer duas condições que determinem unicamente x são analiticamente equivalentes*. Todos os exemplos como (30)-(31) que ilustram a opacidade referencial dos contextos modais seriam eliminados. Faria sentido, em geral, dizer que há um objeto que, independentemente de qualquer meio particular de especificá-lo, é necessariamente assim. Seria legítimo, em suma, quantificar em contextos modais.

Nossos exemplos não sugerem nenhuma objeção à quantificação em contextos modais desde que os valores de quaisquer variáveis assim quantificadas sejam limitados a *objetos intensionais*. Essa limitação significaria permitir, para os propósitos dessa quantificação, em todo caso, não classes, mas apenas conceitos de classes e atributos, entendendo que duas sentenças abertas que determinam a mesma classe ainda determinam atributos distintos, a menos que eles sejam analiticamente equivalentes. Isso significaria permitir, para os propósitos dessa quantificação, não números, mas apenas certos tipos de conceitos ligados a números em uma relação de muitos para um. Isso também significaria não permitir, para os propósitos dessa quantificação, nenhum objeto, mas apenas o que Frege (1949) chamou de sentidos de nomes, e Carnap (1947) e Church, de conceitos individuais. Uma desvantagem dessa ontologia é que o princípio de individuação de suas entidades repousa invariavelmente na suposta noção de sinonímia ou analiticidade.

Na verdade, mesmo que se concedam essas entidades duvidosas, podemos rapidamente ver que o procedimento de limitar os valores das variáveis a elas é, no final das contas, equivocado. Ele não ameniza a dificuldade original sobre a quantificação em contextos modais; ao contrário, exemplos tão perturbadores quanto os antigos podem ser invocados no reino dos objetos intensionais. Pois, seja A um objeto intensional qualquer, um atributo, por exemplo, e "p", uma letra que está no lugar de uma sentença verdadeira arbitrária, claramente:

(35) $A = (\iota x) [p . (x = A)]$.

No entanto, se a sentença verdadeira representada por "p" não é analítica, (35) também não é, e seus lados já não são intersubstituíveis em contextos modais, como não são "estrela da tarde" e "estrela da manhã" ou "9" e "o número de planetas".

Ou, para colocar a questão sem recorrer a termos singulares, o problema é que a exigência anterior colocada em itálico – "*quaisquer duas condições que determinem unicamente x são analiticamente equivalentes*" – não é garantida apenas por tomar x como um objeto intensional. Com efeito, pense em "*Fx*" como qualquer condição que determine unicamente *x*, e pense em "*p*" como qualquer verdade não analítica. Nesse caso, "*p . Fx*" determina unicamente *x*, mas não é analiticamente equivalente a "*Fx*", mesmo que *x* seja um objeto intensional.

Foi em meu artigo de 1943 que, pela primeira vez, levantei a objeção a quantificar em contextos modais, e foi em sua resenha do artigo que Church propôs a solução de limitar as variáveis assim quantificadas a valores intensionais. Essa solução, que acabo de apresentar como equivocada, parecia boa naquele momento. Carnap (1947) adotou-a em uma versão extrema, limitando o domínio de suas variáveis a objetos intensionais em todo o seu sistema. Ele, na verdade, não caracterizava seu procedimento dessa maneira, mas complicava o cenário propondo uma curiosa dupla interpretação das variáveis. Argumentei[9] que esse recurso complicado não tem nada de essencial e é melhor que seja colocado de lado.

Naquele momento, Church chegou a propor uma lógica intensional própria (1951), e talvez tenha considerado que a quantificação em contextos modais não poderia ser, no final das contas, legitimada simplesmente limitando as variáveis assim quantificadas a valores intensionais. De todo modo, suas inovações são mais radicais. No lugar de um operador de necessidade ligado a sentenças, ele tem um predicado de necessidade ligado a nomes complexos de certos objetos intensionais, chamados proposições. O que torna essa inovação mais séria do que parece é que as constantes e variáveis que ocorrem em uma sentença não recorrem no nome que Church dá à proposição correspondente. Assim, a interação, usual na

---

[9] Em uma crítica que Carnap generosamente incluiu em sua obra (1947, p.196 et seq.).

lógica modal, entre ocorrências de expressões fora dos contextos modais e recorrências delas dentro de contextos modais, é mal refletida no sistema de Church. Talvez não devêssemos chamá-lo de sistema de lógica modal; Church em geral não o fez. De qualquer modo, minha discussão seguinte deve ser entendida em relação à lógica modal apenas no sentido mais restrito, em que o operador modal se liga a sentenças.

Church (1943) e Carnap tentaram – sem sucesso, como argumentei – rebater minha crítica da lógica modal quantificada restringindo os valores de suas variáveis. Arthur Smullyan adotou a via alternativa de pôr minha crítica em xeque. Seu argumento depende da postulação de uma divisão fundamental dos nomes em nomes próprios e descrições (explícitas ou disfarçadas), tais que nomes próprios que nomeiam o mesmo objeto são sempre sinônimos [cf. (38), a seguir]. Ele observa, de maneira correta segundo essas premissas, que qualquer exemplo, como (15)-(20) e (24)-(25), que mostre a falha da substitutividade da identidade em contextos modais, deve utilizar alguma descrição em vez de simplesmente utilizar nomes próprios. Assim, a exemplo de Russell (1905), ele explica a falha da substitutividade pelas diferenças na estrutura dos contextos, no que diz respeito ao que Russell chamou de escopos das descrições.[10] Como foi enfatizado na seção anterior, no entanto, a opacidade referencial ainda deve ser levada em conta mesmo quando as descrições e outros termos singulares são inteiramente eliminados.

Apesar disso, a única esperança de sustentar uma lógica modal quantificada está na adoção de uma via que se assemelhe à de Smullyan, em vez daquela de Church (1943)

---

[10] A menos que uma descrição falhe ao nomear, seu escopo é indiferente a contextos extensionais. Mas isso ainda pode ser importante para contextos intensionais.

e Carnap (1947), da seguinte forma: ela deve anular minha objeção. Ela deve consistir em uma argumentação ou decisão de que a quantificação em contextos modais faz sentido mesmo que qualquer valor da variável dessa quantificação seja determinável por condições que não são analiticamente equivalentes uma à outra. A única esperança está na aceitação da situação exemplificada por (32) e (33) e na insistência, apesar disso, de que o objeto x em questão é necessariamente maior do que 7. Isso significa adotar uma atitude hostil com relação a certas formas de especificar exclusivamente x, por exemplo (33), e favorecer outras formas, por exemplo (32), como se revelassem melhor a "essência" do objeto. Consequências de (32) podem, sob esse ponto de vista, ser consideradas necessariamente verdadeiras sobre o objeto que é 9 (e é o número de planetas), enquanto algumas consequências de (33) são avaliadas ainda como verdadeiras sobre esse objeto, apenas de modo contingente.

Evidentemente, esse retorno ao essencialismo aristotélico (cf. p.41) é necessário se a quantificação em contextos modais for sustentada. Um objeto, em si mesmo ou em virtude de um nome ou de nenhum, deve ser visto como se possuísse necessariamente alguns traços, e outros como se os possuíssem de maneira contingente, apesar do fato de que os últimos traços se sigam tão analiticamente de alguma maneira de especificar os objetos quanto os primeiros traços se seguem de outras maneiras de especificá-los. De fato, podemos ver, de maneira bem direta, que qualquer lógica modal quantificada é obrigada a mostrar esse favoritismo entre os traços de um objeto, pois certamente se sustentará, para cada coisa x, de um lado, que

(36) necessariamente $(x = x)$

e, de outro lado, que

(37) ~ necessariamente [$p . (x = x)$],

em que "p" representa uma verdade contingente arbitrária.

O essencialismo mostra uma forte discrepância com a ideia, sustentada por Carnap, Lewis e outros, de explicar a necessidade pela analiticidade (cf. p.200), já que o apelo à analiticidade pode ter a pretensão de distinguir traços essenciais e acidentais de um objeto apenas de maneira relativa ao modo como o objeto é especificado, não de maneira absoluta. No entanto, o defensor da lógica modal quantificada tem de aceitar o essencialismo.

Limitar os valores de suas variáveis não é nem necessário nem suficiente para justificar a quantificação de variáveis em contextos modais. Limitar seus valores pode, no entanto, ainda ter essa finalidade em conjunção com seu essencialismo: se ele quer limitar seu essencialismo a tipos especiais de objetos, deve limitar seu essencialismo de maneira correspondente aos valores das variáveis que ele quantifica em contextos modais.

O sistema apresentado nos artigos pioneiros da senhorita Barcan sobre a lógica modal quantificada diferia dos sistemas de Carnap e Church por não impor nenhuma limitação especial aos valores das variáveis. Que, além do mais, ela estava preparada para aceitar os pressupostos essencialistas parece indicado em seu teorema:

(38) $(x)(y)\{(x = y) \supset [\text{necessariamente } (x = y)]\}$,

pois isso é como dizer que ao menos alguns (e, de fato, no máximo; cf. "$p . Fx$") traços que determinam um objeto fazem-no necessariamente. A lógica modal de Fitch (1952) segue a da senhorita Barcan sobre dois pontos. Note, a propósito, que (38) decorre diretamente de (36) e de uma lei de substitutividade da identidade para variáveis:

$$(x)(y)[(x = y \, . \, Fx) \supset Fy)].$$

O resultado dessas reflexões deve ser que a maneira de fazer lógica modal quantificada, se for feita, é aceitar o essencialismo aristotélico. Defender o essencialismo aristotélico, no entanto, não está nos meus planos. Essa filosofia é tão pouco razoável, segundo creio, quanto a de Carnap ou a de Lewis. E, para concluir, diferentemente de Carnap e Lewis que o fizeram, eu digo: tanto pior também para a lógica modal não quantificada, pois, se não propusermos a quantificação por meio do operador de necessidade, o uso desse operador deixa de ter qualquer vantagem sobre a mera citação de uma sentença e a afirmação de que ela é analítica.

4

As preocupações ocasionadas pelas modalidades lógicas também são ocasionadas pela admissão de atributos (por oposição às classes). A expressão "o atributo de ser tal modo" é referencialmente opaco, como se pode ver, por exemplo, pelo fato de que o enunciado verdadeiro:

(39) O atributo de exceder 9 = o atributo de exceder 9

se transforma na falsidade:

O atributo de exceder o número de planetas = o atributo de exceder 9 mediante a substituição de acordo como a identidade verdadeira (24). Além disso, a generalização existencial de (39) levaria a:

(40) $(\exists x)$(o atributo de exceder x = o atributo de exceder 9)

que resiste a uma interpretação coerente, assim como as generalizações existenciais (29)-(31) de (9), (15) e (16) resistiram. A quantificação de uma sentença que contém as variáveis da quantificação em um contexto da forma "o atributo..." está exatamente na mesma situação que a quantificação de uma sentença modal.

Como foi observado anteriormente, os atributos são individuados pelo seguinte princípio: duas sentenças abertas que determinam a mesma classe não determinam o mesmo atributo, a menos que sejam analiticamente equivalentes. Ora, outro tipo conhecido de entidade intensional é a *proposição*. As proposições estão para os enunciados como os atributos estão para sentenças abertas: dois enunciados terminam a mesma proposição apenas no caso de serem analiticamente equivalentes. As observações anteriores sobre os atributos obviamente também se aplicam às proposições. A verdade:

(41) A proposição segundo a qual 9 > 7 = a proposição segundo a qual 9 > 7

se converte na falsidade:

A proposição segundo a qual o número de planetas > 7 = a proposição segundo a qual 9 > 7

pela substituição conforme (24). A generalização existencial de (41) produz um resultado comparável a (29)-(31) e (40).

A maioria dos lógicos, semânticos e filósofos analíticos que discursa livremente sobre atributos, proposições ou modalidades lógicas não consegue ver que, por isso mesmo, adota uma posição metafísica que eles próprios dificilmente tolerariam. É importante notar que nos *Principia Mathematica*, em que os atributos eram nominalmente admitidos como entidades, todos os contextos que efetivamente ocorrem no curso do trabalho formal eram tais que podiam ser preenchidos tanto por atributos como por entidades. Todos esses contextos são extensionais no sentido das p.50-1. Os autores dos *Principia Mathematica* aderiam, pois, na prática, a um princípio de extensionalidade que não defendiam na teoria. Se sua prática tivesse sido diferente, teríamos sido levados antes a notar a necessidade desse princípio.

Vimos como as sentenças modais, os termos para atributos e os termos proposicionais conflitam com a visão não essencialista do universo. Deve-se ter em mente que essas expressões criam tal conflito apenas quando são quantificadas, isto é, quando são colocadas sob um quantificador e elas próprias contêm a variável do quantificador. Estamos familiarizados com o fato [ilustrado por (26)] de que uma citação não pode conter uma variável realmente livre, que pode ser ligada por um quantificador exterior. Se devemos preservar uma atitude análoga em relação às modalidades, aos termos para atributos e aos termos proposicionais, podemos fazer livre uso deles sem nenhum receio, como no caso atual.

O que foi dito nestas páginas sobre a modalidade concerne apenas à modalidade estrita. Para outros tipos – por exemplo, a necessidade e a possibilidade físicas –, o primeiro problema seria formular as noções com clareza e exatidão. Depois disso, poderíamos investigar se tais modalidades, como as estritas, não podem ser quantificadas sem ocasionar uma crise ontológica. A questão concerne precisamente ao uso prático da linguagem. Ela concerne, por exemplo, ao uso do condicional contrafactual dentro de um quantificador, pois é razoável supor que o condicional contrafactual se reduz à forma "necessariamente, se p, então q", em algum sentido de necessidade. Do condicional contrafactual depende, por sua vez, por exemplo, a seguinte definição da solubilidade da água: dizer que um objeto é solúvel em água é dizer que ele se dissolveria se estivesse na água. Em discussões da Física, precisamos de quantificações que contenham a condição "x é solúvel em água", ou seu equivalente em palavras; mas, de acordo com a definição sugerida, deveríamos admitir, dentro de quantificadores, a expressão "se x estivesse na água, então x se dissolveria", isto é, "necessariamente, se x está na água, então x se dissolve". Ainda assim não sabemos se há um sentido apropriado de "necessariamente" dentro do qual possamos quantificar.[11]

Qualquer maneira de colocar enunciados dentro de enunciados, esteja ela baseada em alguma noção de "necessidade" ou, por exemplo, sobre uma noção de "probabilidade", como em Reichenbach, deve ser cuidadosamente examinada com relação a sua suscetibilidade de quantificação. Talvez os únicos modos úteis de composição de enunciados suscetíveis de quantificação irrestrita sejam as funções de verdade. Felizmente, nenhum outro modo de composição de enunciados é necessário, de forma alguma, na Matemática; e essa, significativamente, é o ramo da ciência cujas necessidades são mais claramente entendidas.

Voltemos, para fazer uma rápida observação final, ao nosso primeiro teste de opacidade referencial, a saber, a falha

---

[11] Para uma teoria de termos disposicionais, como "solúvel", ver Carnap (1936, 1937).

da substitutibilidade da identidade; e vamos supor que estamos lidando com uma teoria em que (a) fórmulas logicamente equivalentes são intersubstituíveis em todos os contextos, e (b) a lógica das classes está dada.[1] Para essa teoria, é possível mostrar que *qualquer* modo de composição de enunciados, além das funções de verdade, é referencialmente opaco. Pois, sejam ϕ e ψ dois enunciados com o mesmo valor de verdade, e seja $\Phi(\phi)$ qualquer enunciado verdadeiro que contenha ϕ como uma parte. O que se deve mostrar é que $\Phi(\psi)$ também será verdadeiro, a menos que o contexto representado por "Φ" seja referencialmente opaco. Ora, a classe nomeada por $\hat{\alpha}\phi$ é ou V ou Λ, conforme ϕ seja verdadeiro ou falso; pois, lembre-se de que ϕ é um enunciado desprovido de α livre. [Se a notação $\hat{\alpha}\phi$ sem recorrência de α parecer enigmática, leia-se $\hat{\alpha}$ ($\alpha = \alpha . \phi$)]. Além disso, ϕ é logicamente equivalente a $\hat{\alpha}\phi$ = V. Desse modo, por (a), uma vez que $\Phi(\phi)$ é verdadeiro, $\Phi(\hat{\alpha}\phi$ = V) também é. Mas $\hat{\alpha}\phi$ e $\hat{\alpha}\psi$ nomeiam uma e a mesma classe, uma vez que ϕ e ψ têm o mesmo valor de verdade. Desse modo, uma vez que $\Phi(\hat{\alpha}\phi$ = V) seja verdadeiro, $\Phi(\hat{\alpha}\psi$ = V) também é, a menos que o contexto representado por "Φ" seja referencialmente opaco. Mas, se $\Phi(\hat{\alpha}\psi$ = V) é verdadeiro, então $\Phi(\psi)$, por sua vez, também é, por (a).

---

[1] Ver anteriormente, p.27, 87.

IX

SIGNIFICADO E INFERÊNCIA EXISTENCIAL

Os temas tratados nas páginas anteriores incluem a verdade lógica, termos singulares e a distinção entre significado e referência. Nestas páginas, cujo propósito é ilustrativo, veremos como diversas perplexidades curiosamente inter-relacionadas, surgidas na literatura, remontam a dificuldades acerca desses três temas.

1

Afirmou-se frequentemente[2] que, embora os esquemas:

(1) $(\exists x)(Fx \vee {\sim}Fx)$,   (2) $(x)Fx \supset (\exists x)Fx$

sejam demonstráveis na teoria da quantificação, os enunciados das formas que esses esquemas apresentam não são logicamente verdadeiros. Pois, como se argumenta, para que

---

[2] Por exemplo, Russell (1919, 1920, nota ao cap. 18); Langford (1927); Wright, p.20.

sejam verdadeiros, tais enunciados dependem de que haja algo no universo; e que haja algo, embora verdadeiro, não é logicamente verdadeiro.

O argumento é correto em suas primeiras premissas: para que sejam verdadeiros, os enunciados descritos de fato dependem de que haja algo. Mas o resto do argumento se baseia em um padrão obscuro de verdade lógica, pois claramente qualquer enunciado das formas (1) e (2) *é* logicamente verdadeiro de acordo com as definições dadas anteriormente.[3] Aqueles que afirmam que esses enunciados não são logicamente verdadeiros também afirmariam – sem talvez distinguir essas duas afirmações – que os enunciados não são analíticos. Com isso, a noção de analiticidade torna-se ainda mais obscura do que aquela que a consideração anterior parecia envolver;[4] naquele momento, parecia que uma classe de enunciados, que podia ser claramente incluída sob a rubrica de enunciados analíticos, era a classe das verdades lógicas no sentido da definição mencionada.

As desconfianças difundidas com relação à verdade lógica ou à analiticidade de enunciados das formas (1) e (2) terão evidentemente de permanecer vagas da seguinte maneira: analiticidade é, vagamente, a verdade em virtude dos significados; significados de palavras não legislam sobre a existência; logo, os enunciados em questão não são analíticos. A questão é representativa da teoria do significado.

Mas aqueles que se opõem à modelagem da teoria da quantificação de modo a incluir (1) e (2) como teoremas mostram a falta de consideração de um ponto técnico importante. O seguinte fato é demonstrável em relação aos

---

[3] Ver p.41 et seq.
[4] Ver p.41-59.

esquemas quantificacionais: aqueles que se revelam válidos para todas as escolhas de universo de um dado tamanho também se revelam válidos para universos menores, exceto para o vazio.[5] Isso significa que, ao formular as leis da teoria da quantificação, nós não consideramos universos, por exemplo, de um a dez objetos, esperando que outras leis à nossa disposição sejam úteis para universos seriamente grandes, mas acabamos frustrados; não há outras leis que não valem para universos de um a dez objetos. Mas, com o universo vazio, a situação é muito diferente: leis, por exemplo, (1) e (2), que valem para universos maiores, não valem para ele. Convém, portanto, colocar de lado o caso relativamente inútil do universo vazio, de modo que não nos privemos das leis aplicáveis a todos os outros casos. Isso convém inclusive porque sempre é particularmente fácil fazer um teste separado para decidir, se quisermos, se um dado teorema da teoria da quantificação (válido para todos os universos não vazios) vale ou não para o universo vazio; temos apenas de marcar todas as quantificações universais como verdadeiras e todas as existenciais como falsas, e observar se nosso teorema se revela, então, verdadeiro ou falso. A existência desse teste adicional mostra, aliás, que não há nenhuma dificuldade em modelar a teoria da quantificação de modo a excluir teoremas como (1) e (2) que não valem para o universo vazio; mas, do ponto de vista da utilidade na aplicação, seria tolo, como vimos, querer limitar as leis da teoria da quantificação dessa forma.

A moral do parágrafo anterior vale, mesmo que aceitemos as desconfianças descritas no parágrafo anterior a ele. Quem tem essas desconfianças deve simplesmente ver os teoremas da teoria da quantificação não como logicamente

---

[5] Ver, por exemplo, Quine (1950, p.97).

válidos, mas como logicamente implicados por esquemas como (1) e (2). A teoria da quantificação, portanto, mantém seu estatuto de disciplina puramente lógica; apenas mudamos a caracterização lógica do que é ser um teorema.

2

Voltamos agora para um problema derivado. Langford argumentou (1929) que os enunciados singulares "*Fa*" e "*~Fa*", em que "*F*" é considerado agora um predicado específico (e não uma letra esquemática) e "*a*" um nome, não podem ser mutuamente contraditórios. Cada um deles tem a consequência lógica "*Fa* ∨ *~Fa*" que, por sua vez, tem a consequência lógica (1). Uma vez que (1) não é logicamente verdadeiro, ele argumenta, e contraditórios mútuos não podem compartilhar nenhuma consequência lógica exceto verdades lógicas, segue-se que "*Fa*" e "*~Fa*" não são realmente contraditórios.

Somos tentados a recusar o argumento dizendo que a absurdidade da conclusão simplesmente condena uma noção muito estrita de verdade lógica e confirma nossa versão mais ampla da verdade lógica, que inclui enunciados da forma (1) como logicamente verdadeiros. Mas argumentar dessa maneira significaria ignorar, e perpetuar, o defeito mais básico no argumento de Langford, a saber, a afirmação de que "*Fa* ∨ *~Fa*" implicam logicamente (1). Nós, que vemos (1) como logicamente verdadeiro, podemos conceder obviamente que (1) é logicamente implicado por qualquer coisa, mas ele não pode. Para ele, o passo de "*Fa* ∨ *~Fa*" a (1) deve depender especificamente da generalização existencial.[6] Mas, para a inferência

---

[6] Ver anteriormente, p.203 et seq.

desse tipo, nós não temos justificação a não ser admitir que "*a*" nomeia algo, isto é, que *a* existe; logo, "*Fa* ∨ ~*Fa*" dificilmente se diria que (1) implica *logicamente* para Langford, a menos que fosse logicamente verdadeiro que *a* existe. Mas se fosse logicamente verdadeiro que *a* existe, seria logicamente verdadeiro que há algo; logo, qualquer enunciado da forma (1) seria logicamente verdadeiro.

Langford também tem outro argumento, que não envolve (1), para mostrar que "*Fa*" e "~*Fa*" não são contraditórios, a saber, que cada uma deles implica analiticamente "*a* existe", e "*a* existe" não é analítico. Nesse argumento a afirmação duvidosa é que cada "*Fa*" e "~*Fa*" implica "*a* existe".

A ideia de que "*Fa*" (e "~*Fa*") implica "*a* existe" surge da ideia de que "*Fa*" tem como "significado" uma proposição[7] cujos constituintes são os significados de "*F*" e de "*a*". Se "*Fa*" é significativo, conforme se raciocina, então essa proposição deve existir e, logo, deve existir seu constituinte *a*. Mas se "*Fa*" ou "~*Fa*" é verdadeiro, então "*Fa*" é significativo e, consequentemente, *a* existe. Ora, a falha desse raciocínio é rapidamente percebida mesmo que concedamos o aparato bizarro das proposições e constituintes, isto é, a existência do significado de "*a*" era confundida com a existência de *a*. A confusão é a conhecida troca de significar por nomear.

Se o raciocínio defeituoso notado há pouco é interrompido no meio, antes de a falácia ocorrer, ainda temos um argumento que merece exame, um argumento de "*Fa*" (e "~*Fa*") não a respeito da existência de *a*, mas a respeito da existência da proposição que é o significado de "*Fa*". Se essa proposição existe, então algo existe, e então (1) é válido;

---

[7] Ver anteriormente, p.153 et seq., 218 et seq.

parecemos ter um novo argumento para mostrar que cada "*Fa*" e "~*Fa*" implicam analiticamente não "*a* existe", mas (1).

Completamente desenvolvida, a cadeia dedutiva que estamos imaginando é a seguinte: se *Fa* (ou ~*Fa*), então "*Fa*" (ou "~*Fa*") é verdadeiro; então "*Fa*" é significativo; então o significado de "*Fa*" existe; então há algo; então $(\exists x)$ $(Fx \vee \sim Fx)$. Cada elo da cadeia deve ser uma implicação analítica, se o argumento deve mostrar que cada "*Fa*" e "~*Fa*" implica (1). Mas pode-se duvidar que a significatividade de "*Fa*" implique analiticamente que o significado de "*Fa*" existe; devemos nos lembrar de que a noção de significados como entidades parecia mais duvidosa que a noção de significatividade.[8] Além disso, como notaram Lewy (1947) e White (1948), pode-se duvidar que o primeiro elo, ligando "*Fa*" com "'*Fa*' é verdadeiro" (e "~*Fa*" com "'~*Fa*' é verdadeiro"), deveria ser considerado analítico. Não podemos depositar muita confiança nos elos da cadeia, pois ela está mergulhada na parte mais pantanosa de um terreno muito pantanoso, a teoria do significado.

O problema de Langford teve uma notável ramificação adicional na literatura. Referindo-se à afirmação de Langford de que "*Fa*" e "~*Fa*" compartilham a consequência "*a* existe", Nelson escreve que podemos, com igual justiça, argumentar que eles compartilham a consequência "*F* existe", e até mesmo que "$(x)Fx$" e "~$(x)Fx$" compartilham a consequência "*F* existe", e inclusive que "*p*" e "~*p*" compartilham a consequência "*p* existe". Desse modo, ele observa, podemos, com igual justiça, concluir que não há contraditórios em Lógica.

A expressão de Nelson "com igual justiça" desarma a oposição direta. Eu notaria apenas que temos aqui um museu

---

[8] Ver anteriormente, p.24 et seq., 39-40, 75.

de espécimes contra o qual nos dirigimos anteriormente – o tratamento dos termos gerais e dos enunciados como nomes, ou, o que dá no mesmo, o tratamento das letras esquemáticas como variáveis.[9]

Na verdade, Nelson não aceita a conclusão de que não há contraditórios em Lógica. Ele procura evitá-la, assim como o faz a fraca conclusão de Langford, ao propor uma distinção entre "implica" e "pressupõe" – uma distinção sutil que não procurarei avaliar, uma vez que parecemos ter encontrado nosso caminho por entre os problemas que a ocasionaram.

3

Seis parágrafos atrás, nós nos libertamos de toda restrição geral a admitir a inferência "*a* existe" a partir de "*Fa*" e "*~Fa*". Somos levados a nos perguntar, no entanto, exatamente em quais enunciados contendo "*a*" deveria ser exigido que *a* exista para serem verdadeiros.

No uso comum, os valores de verdade parecem se vincular a enunciados singulares apenas de maneira condicional relativamente à existência do objeto nomeado. Há exceções; certamente "Pégaso existe" e "~Pégaso existe" são fixos no que diz respeito ao valor de verdade, isto é, quanto ao fato de serem respectivamente falso e verdadeiro, pela própria inexistência de Pégaso. Mas parece, no uso comum, não haver como decidir acerca do valor de verdade de "Pégaso voa" e "~Pégaso voa"; a inexistência parece liquidar a questão sem respondê-la. Esse caso é análogo ao dos enunciados condicionais: a descoberta da falsidade do antecedente de um

---

[9] Ver anteriormente, p.153-64.

condicional no modo indicativo parece, do ponto de vista do uso comum, liquidar a questão do valor de verdade do condicional sem respondê-la.

A Lógica, no entanto, aspira a certa criatividade que a separa da Filologia. A Lógica procura sistematizar, de maneira tão simples quanto possível, as regras para passar de verdades a verdades; e, se o sistema puder ser simplificado por algum abandono do uso linguístico passado que não interfira na utilidade da linguagem como ferramenta da ciência, o lógico não hesita em reivindicar esse abandono. Uma maneira de conquistar a simplicidade é pondo de lado as artimanhas de uso do tipo observado no parágrafo anterior, de modo a dotar cada enunciado de um valor de verdade. É assim que o condicional indicativo da linguagem comum deu lugar, na linguagem logicamente regulada da ciência, ao condicional material, que, enquanto ainda estiver servindo aos propósitos científicos de antigamente, não compartilha a deficiência de antigamente com relação aos valores de verdade. O condicional material formado por dois enunciados quaisquer tem um valor de verdade definido; a descoberta da falsidade do antecedente de um condicional material liquida a questão do valor de verdade do condicional não por eliminá-lo, mas por dar a resposta "verdadeiro". Ora, a deficiência dos enunciados singulares quanto aos valores de verdade pede, no que toca à simplicidade das regras lógicas, um revisão similar por parte do lógico, uma complementação do uso comum pela atribuição de valores de verdade aos enunciados singulares que, pelo uso comum, careciam de um.

Como fazer essas atribuições complementares é uma questão arbitrária, a ser decidida conforme a conveniência. Esta obviamente demanda, acima de tudo, que as atribuições não sejam tais que criem exceções às leis regendo os componentes verifuncionais e a quantificação. Cabe a nós, portanto, fazer nossas atribuições arbitrárias apenas a enunciados singulares atômicos e, então, deixar que os valores de verdade dos compostos sejam determinados pelos valores dos componentes pelas leis lógicas existentes.

A questão, portanto, se reduz ao seguinte: qual valor de verdade devemos atribuir a um enunciado singular atômico quando ele não tem um valor de verdade determinado pelo uso comum? Os enunciados singulares atômicos indeterminados em questão são a maior parte daqueles cujos termos singulares deixam de nomear; as exceções determinadas são "*a* existe" e quaisquer outras com o mesmo resultado ou um resultado oposto. Agora, podemos fazer a atribuição arbitrariamente; digamos que todos eles devem ser falsos. Ao fazer essa escolha, seguimos a sugestão do exemplo determinado "*a* existe", que obviamente é falso se "*a*" deixa de nomear.

Tal foi a resposta de Chadwick a Langford, embora ele nos poupasse do pano de fundo filosófico que esbocei aqui. "*Fa*" e "~*Fa*" tornam-se de fato contraditórios segundo o procedimento descrito. A generalização existencial, se feita independentemente de informações adicionais quanto à existência do objeto nomeado, em geral é confiável apenas no caso de ser atômico o enunciado singular com base no qual a inferência é feita. Langford ainda tem razão em inferir "*a* existe" de uma premissa atômica "*Fa*", mas não em inferi-la também de "~*Fa*".

O tratamento que concordamos em dar aos enunciados singulares cujos termos singulares não nomeiam sem dúvida é artificial, mas, como vimos, amplamente motivado, independentemente do problema de Langford. Ele tem um precedente, aliás, na teoria lógica das descrições. É fácil ver que a definição contextual da descrição apresentada anteriormente,[10] que é uma versão simplificada da definição de Russell, tem por resultado tornar os contextos atômicos de uma descrição falsos quando o objeto descrito não existe. Isso não significa dizer que o tratamento anterior dos termos singulares é menos artificial do que parecia, mas que a teoria das descrições é igualmente artificial. Todavia, o artifício funciona nos dois casos. A natureza e o valor lógicos do artifício, nos caso das descrições, pode ser revelado da mesma forma que nos parágrafos anteriores para o caso dos termos singulares; na verdade, um caso inclui o outro, pois descrições são termos singulares.

Com efeito, os dois casos coincidem se dermos um passo a mais, mencionado antes,[11] reinterpretando trivialmente os nomes próprios como descrições. As vantagens teóricas de fazê-lo são surpreendentes. No que concerne à teoria, toda a categoria de termos singulares é, com isso, eliminada, pois sabemos como eliminar descrições. Ao eliminarmos a categoria de termos singulares, eliminamos uma grande fonte de confusão teórica, para cujas instâncias tenho chamado a atenção no presente ensaio e nas discussões sobre o compromisso ontológico, em ensaios anteriores. Particularmente, eliminamos ao mesmo tempo, em teoria, a forma desconcertante de notação "*a* existe", pois sabemos como traduzir enunciados existenciais singulares em termos lógicos mais fundamentais envolvidos em uma descrição.[12] Além disso, as regras de inferência da generalização existencial e da instanciação universal, na forma anômala que assumem com

---

[10] Ver p.124. O único predicado primitivo era "∈", mas podemos acrescentar análogos de D9-D10 que correspondem a quaisquer predicados extralógicos dados.
[11] Ver p.19 et seq.
[12] Ver p.19.

os termos singulares,[13] são reduzidas ao estatuto de regras derivadas e, portanto, eliminadas dos fundamentos teóricos da Lógica.

---
[13] Ver p.204.

ORIGEM DOS ENSAIOS

"Sobre o que há" apareceu na *Review of Metaphysics* em 1948, e versões anteriores foram apresentadas como conferências em Princeton e Yale em março e maio daquele ano. Ele tomou seu título de um simpósio da reunião conjunta da Aristotelian Society e da Mind Association em Edimburgo, em julho de 1951, e foi reimpresso, com as objeções dos participantes, no volume complementar da Aristotelian Society intitulado *Freedom, Language, and Reality* (London: Harrison, 1951). Também foi reimpresso na antologia da Linsky. As modificações feitas na presente versão, em sua maioria, são limitadas às notas de rodapé.

"Dois dogmas do empirismo" apareceu na *Philosophical Review* em janeiro de 1951, tendo sido lido, com omissões, na Divisão Leste da American Philosophical Association em dezembro de 1951, em Toronto. Em maio de 1951, ele foi tema de um simpósio do Institute for the Unity of Science em Boston e também de um encontro na Stanford University, ocasião em que foi reeditado em cópias mimeografadas. A versão publicada aqui diverge da original nas notas de rodapé e em outros aspectos menores: as §§1 e 6 foram abreviadas onde invadiam os limites do ensaio anterior, e as §§3-4 foram expandidas em alguns pontos.

"O problema do significado na linguística" é o texto, abreviado em algumas partes e expandido em outras, de uma conferência apresentada no Linguistic Forum em Ann Arbor em agosto de 1951.

"Identidade, ostensão e hipóstase" apareceu no *Journal of Philosophy* em 1950. Ele procede em grande parte da Conferência Theodore and Grace, de Laguna, "Identidade", que apresentei em Bryn Mawr em dezembro de 1949, e em uma pequena parte de uma conferência, "Sobre ontologias", que apresentei na University of Southern California em julho de 1949. O ensaio é reimpresso aqui quase inalterado, exceto nas referências.

"Novos fundamentos para a Lógica matemática" apareceu na *American Mathematical Monthly* em fevereiro de 1937, tendo sido lido para a Mathematical Association em dezembro de 1936 na Chapel Hill, na Carolina do Norte. O artigo, como é reproduzido aqui, diverge do original apenas nas anotações, correções de inúmeros erros e modificações menores de notação e terminologia. Mas o material com o título "Observações adicionais" é completamente estranho ao original. A primeira parte é o ponto principal da primeira parte do meu "Lógica baseada na inclusão e abstração", no *Journal of Symbolic Logic*, 1937. O restante é novo.

"A lógica e a reificação dos universais" deriva principalmente de um artigo "Sobre o problema dos universais", que li perante a Association for Symbolic Logic, em fevereiro de 1947, em Nova York. Parte daquele artigo foi impresso como parte de um artigo "Sobre universais", no *Journal of Symbolic Logic*, 1947, mas o presente ensaio também deriva de uma parte não publicada. Ele também deriva de dois outros artigos: "Semântica e objetos abstratos" (*Proceedings of the American Academy of Arts and Sciences*, 1951), lido em Boston em abril de 1950, no encontro do Institute for the

Unity of Science, e "Designação e existência" (*Journal of Philosophy*, 1939; reimpresso em Feigl e Sellars), que era uma abreviação de um artigo lido em Cambridge, Massachusetts, em setembro de 1939, no Congress for the Unity of Science.

"Notas sobre a teoria da referência" é parcialmente novo, parcialmente derivado de um artigo mencionado antes, "Semântica e objetos abstratos", e parcialmente derivado de "Ontologia e ideologia", *Philosophical Studies*, 1951.

"Referência e modalidade" surgiu de uma fusão de "Notas sobre existência e necessidade", no *Journal of Philosophy*, 1943, com "O problema de interpretar a lógica modal", no *Journal of Symbolic Logic*, 1947. Diversas omissões, revisões e inserções foram feitas. O artigo aparentado, "Notas sobre existência e necessidade", foi reimpresso em Linsky. Ele era na maior parte uma tradução, por sua vez, de partes de meu livro *O sentido da nova lógica* (São Paulo: Livraria Martins, 1944), que incorpora uma série de conferências ministradas em São Paulo, em 1942.

"Significado e inferência existencial" é novo, mas os pontos nele derivam principalmente de minha resenha de E. J. Nelson no *Journal of Symbolic Logic*, 1947.

REFERÊNCIAS

BARCAN, R. C. A functional calculus based on strict implication. *Journal of Symbolic Logic*, v.11, p.1-16, 1946.
_____. The identity of individuals in a strict functional calculus of second order. *Journal of Symbolic Logic*, v.12, p.12-5, 1947.
BERNAYS, P. Sur le platonisme dans les mathematiques. *L'Enseignement mathématique*, v.34, p.52-69, 1935-36.
_____. A system of axiomatic set theory. *Journal of Symbolic Logic*, v.2, p.65-77, 1937; v.6, p.1-17, 1941; v.7, p.65-89/133-45, 1942; v.8, p.89-106, 1943; v.13, p.65-79, 1948.
BLACK, M. *The Nature of Mathematics*. London: Kegan Paul, 1933; New York: Harcourt Brace, 1934.
BLOCH, B; TRAGER, G. L. *Oultine of Linguistic Analysis*. Baltimore: Linguistic Society of America, 1942.
BLOOMFIELD, Leonard. *Language*. New York: Holt, 1933.
BROUWER, L. E. J. Consciousness, philosophy, and mathematics. *Proceedings of the 10th International Congress of Philosophy*. Amsterdam, 1949. p.1235-49.
BÜHLER, Karl. Phonetik und Phonologie. *Travaux du Cercle Linguistique de Prague*, v.4, p.22-53, 1931.
CANTOR, Georg. Ueber eine elementare Frage der Mannigfaltigkeitslehre. *Jahresberichte der deutschen Mathematiker-Vereinigungen*, v.1, p.75-8, 1890-1.
CARNAP, Rudolf. *Der Logische Aufbau der Welt*. Berlin, 1928.

_____. *The Logical Syntax of Language.* New York: Harcourt Brace; London: Kegan Paul, 1937. [Tradução, com extensões, de *Logische Syntax der Sprache.* Vienna: Springer, 1934]

_____. *Meaning and Necessity.* Chicago: University of Chicago Press, 1947.

_____. *Logical Foundations of Probability.* Chicago: University of Chicago Press, 1950.

_____. Testability and meaning. *Philosophy of Science,* v.3, p.419-71, 1936; v.11, p.1-40, 1937.

_____. Empiricism, semantics, and ontology. *Revue international de philosophie,* v.4, p.20-40, 1950b. Reimpresso em Linsky.

CASSIRER, Ernst. *Language and Myth.* New York: Harper, 1946. [*Sprache und Mythos.* Berlin, 1925].

CHADWICK, J. A. On propositions belonging to logic. *Mind,* v.86, p.347-53, 1927.

CHURCH, A. A set of postulates for the foundation of logic. *Annals of Mathematics,* v.33, p.346-66, 1932; v.34, p.839-64, 1933.

_____. A note on the Entscheidungsproblem. *Journal of Symbolic Logic,* v.1, 40s, 101s, 1936.

_____. Resenha de Quine, *Journal Symbolic Logic,* v.7, p.100 et seq., 1942.

_____. Resenha de Quine, *Journal of Symbolic Logic,* v.8, p.45 et seq., 1943.

_____. On Carnap's analysis of statements of assertion and belief. *Analysis,* v.10, p.97 et seq., 1950.

_____. A formulation of the logic of sense and denotation. In: HENLE, P., KALLEN, H. M.; LANGER, S. K. (Ed.). *Structure, Method, and Meaning:* Essays in Honor of Henry M. Shefer. New York: Liberal Arts Press, 1951. p.3-24.

_____; QUINE, W. V. Some theorems on definability and decidability. *Journal of Symbolic Logic,* v. 17, p.179-87, 1952.

CURRY, H. B. A simplification of the theory of combinators. *Synthèse,* v.7, p.391-9, 1948-9.

DUHEM, P. *La Théorie physique:* son objet et sa structure. Paris, 1906.

FEIGL, H.; SELLARS, W. (Ed.). *Readings in Philosophical Analysis.* New York: Appleton-Century-Crofts, 1949.

FITCH, F. B. The consistency of the ramified Principia. *Journal of Symbolic Logic,* v.3, p.140-9, 1938.

_____. The problem of the Morning Star and the Evening Star. *Philosophy of Science,* v.16, p.137-41, 1949.

_____. *Symbolic Logic.* New York: Ronald Press, 1952.

FRAENKEL, A. A. Sur la notion d'existence dans les mathématiques. *L'Enseignement mathématique,* v.34, p.18-32, 1935-6.

FRANK, P. *Modern Science and its Philosophy.* Cambridge: Harvard University Press, 1949.

FREGE, G. *Foundations of Arithmetic.* New York: Philosophical Library, 1950.

_____. On sense and nominatum. In: FEIGL, H.; SELLARS, W. (Ed.). *Readings in Philosophical Analysis.* New York: Appleton-Century--Crofts, 1949.

_____. *Grundgesetze der Arithmetik.* 2v. Jena, 1893, 1903.

GÖDEL, K.. Die Vollständigkeit der Axiome des logischen Funktionenkalkuls. *Monatshefte fur Mathematik und Physik,* v.37, p.349-60, 1930.

_____. Ueber formal unentscheidbare Sätse der Principia Mathematics und verwandter Systeme. *Monatshefte fur Mathematik und Physik,* v.38, p.173-98, 1931.

GOODMAN, N. *The Structure of Appearance.* Cambridge: Harvard University Press, 1951.

_____; QUINE, W. V. Steps toward a constructive nominalism. *Journal of Symbolic Logic,* v.12, p.105-22, 1947.

GRELLING, K.; NELSON, L. Bemerkungen zu den Paradoxien von Russell and Burali-Forti. *Abhandlungen der Fries'schen Schule,* v.2, p.300-34, 1907-8.

HAHN, H. *Ueberflussige Wesenheiten.* Vienna, 1930.

HAILPERIN, T. A set of axioms for logic. *Journal of Symbolic Logic*, v.9, p.1-19, 1944.

HEMPEL, C. G. Problems and changes in the empiricist criterion of meaning. *Revue internationale de philosophie*, v.4, p.41-63, 1950.

_____. The concept of cognitive significance: a reconsideration. *Proceedings of the American Academy of Arts and Sciences*, v.80, p.61-77, 1951.

HENKIN, L. The completeness of the first-order functional calculus. *Journal of Symbolic Logic*, v.14, p.159-66, 1949.

HEYTING, A. *Mathematische Grundlagenforschung, Intuitionismus, Beweistheorie*. Berlin: Springer, 1934.

HILBERT, D.; ACKERMANN, W. *Grundzüge der theoretischen Logik*. Berlin: Springer, 1928, 1938, 1949.

_____; BERNAYS, P. *Grundlagen der Mathematik*. 2v. Berlin: Springer, 1934-1939.

HUME, D. *A Treatise of Human Nature*. [Longmans, Green, 1882].

KLEENE, S. C.; ROSSER, B. The inconsistency of certain formal logics. *Annals of Mathematics*, v.36, p.630-6, 1935.

KURATOWSKI, C. Sur la notion de l'ordre dans la theorie des ensembles. *Fundamenta Mathematicae*, v.2, p.161-71, 1921.

LANGFORD, C. H. Singular propositions. *Mind*, v.97, p.73-81, 1923.

_____. On propositions belonging to logic. *Mind*, v.36, p.342-6, 1927.

_____. Propositions directly about particulars. *Mind*, v.58, p.219-25, 1929.

LEWIS, C. I. *A Survey of Symbolic logic*. Berkeley, 1918.

_____; LANGFORD, C. H. *Symbolic Logic*. New York, 1932

_____. *An Analysis of Knowledge and Valuation*. Salle, Ill.: Open Court, 1946.

LEWY, C. Truth and significance. *Analysis*, v.8, p.24-7, 1947.

LINSKY, L. (Ed.). *Semantics and the Philosophy of Language*. Urbana: University of Illinois Press, 1952.

LOWINGER, A. *The Methodology of Pierre Duhem*. New York: Columbia University Press, 1941.

ŁUKASIEWICS, J. Uwagi o aksyomacie Nicod'a i o 'dedukcyi uogólniającej'. *Księga pamiątkowa Polskiego Towarzystwa Filozoficznego we Lwowie.* Lwów, 1931.

MARTIN, R. M. On 'analytic'. *Philosophical Studies*, v.3, p.42-7, 1952.

MEYERSON, É. *Identité et realité.* 4.ed. Paris, 1932 [1908].

MOSTOWSKI, A. Some impredicative definitions in the axiomatic set theory. *Fundamenta Mathematicae*, v.37, p.111-24, 1950.

MYHILL, J. R. A complete theory of natural, rational, and real numbers. *Journal of Symbolic Logic*, v.15, p.185-96, 1950.

NELSON, E. J. Contradiction and the presupposition of existence. *Mind*, v.55, p.319-27, 1946.

NEUMANN, J. V. Eine Axiomatisierung der Mengenlehre. *Journal fur reine und angewandte Mathematik*, v.154, p.219-40, 1925; v.155,1926; v.128, [s.d.].

NICOD, J. A reduction in the number of primitive propositions of logic. *Proceedings of Cambridge Philosophical Society*, v.19, p.32-41, 1917-20.

PEANO, G. Sulla definizione di funzione. *Atti della Reale Accademiu dei Lincei*, rendiconti, classe di scienze, 20, 3p, 1911.

PIKE, K. L. *Phonemics:* A Technique for Reducing Languages to Writing. Ann Arbor: University of Michigan Press, 1947.

POINCARÉ, H. Sechs *Vorträge über ausgewählte Gegenstände aus der reinen Mathematik und mathematischen Physik.* Leipzig e Berlin, 1910.

QUINE, W. V. On the axiom of reducibility. *Mind*, v.45, 498p, 1936.

_____. On Cantor's theorem. *Journal of Symbolic Logic*, v.2, p.120-4, 1937a.

_____. Logic based on inclusion and abstraction. *Journal of Symbolic Logic*, p.145-52, 1937b.

_____. On the theory of types. *Journal of Symbolic Logic*, p.125-39, 1938.

_____. *Mathematical Logic.* New York: Norton, 1940; Cambridge: Harvard University Press, 1940.

_____. *Methods of Logic.* New York: Holt, 1950.

_____. On an application of Tarski's theory of truth. *Proceedings of the National Academy of Sciences*, v.98, p.430-3, 1952.

_____. On ω-inconsistency and a so-called axiom of infinity. *Journal of Symbolic Logic*, v.18, p.1953.

REICHENBACH, H. *The Theory of Probability*. /Los Angeles: University of California Press, 1949.

ROBINSON, J. Definability and decision problems in arithmetic. *Journal of Symbolic Logic*, v.14, p.98-114, 1949.

ROSSER, B. The Burali-Forti paradox. *Journal of Symbolic Logic*, v.7, p.1-17, 1942.

RUSSELL, B. On denoting. *Mind*, v.14, p.479-93, 1905.

_____. Mathematical logic as based on the theory of types. *American Journal of Mathematics*, v.30, p.222-62, 1908.

_____. The philosophy of logical atomism. *Monist*, v.28, p.495-527, 1918; v.99, p.32-63, 190-222, 345-80, 1919. (Reimpressão, Minneapolis: Department of Philosophy, University of Minnesota, 1949).

_____. *Introduction to Mathematical Philosophy*. London, 1919-1920.

SCHÖNFINKEL, M. Ueber die Bausteine der mathematischen Logik. *Mathemutische Annalen*, v.96, p.305-16, 1924.

SMULLYUAN, A. F. Modality and 'description'. *Journal of Symbolic Logic*, v.13, p.31-7, 1948.

TARSKI, A. Sur les *truth-functions* au sens de MM. Russell et Whitehead. *Fundamenta Mathematicae*, v.5, p.59-74, 1924.

_____. Einige methodologische Untersuchungen uber die Definierbarkeit der Begriffe. *Errkenntnis*, v.5, p.80-100, 1935-36.

_____. Der Wahrheitsbegriff in den formalisierten Sprachen. *Studia Philosophica*, v.1, p.261-405, 1936.

_____. On undecidable statements in enlarged systems of logic and the concept of truth. *Journal of Symbolic Logic*, v.4, p.105-12, 1939.

_____. The semantic conception of truth and the foundations of semantics. *Philosophy and Phenomenological Research*, v.4, p.341-76, 1944.

_____. *A Decision Method for Elementary Algebra and Geometry*. Santa Monica: Rand Corporation, 1948.

THOMSON, J. F. A note on truth. *Analysis*, v.9, p.67-72, 1949; v.10, 23-4, 1949.

TOOKE, J. H. Ἔπεα πτερόεντα; or *The Diversions of Purley*. 2v. London, 1786, 1805, 1829; Boston, 1806.

WANG, H. A formal system of logic. *Journal of Symbolic Logic*, v.16, p.2532, 1950.

WEYL, H. *Das Kontinuum*. Leipzig, 1918, 1932.

WHITE, M. Resenha de Lewy. *Journal of Symbolic Logic*, v.13, 125p, 1948.

_____. The analytic and the synthetic: an untenable dualism. In: HOOK, S. (Ed.). *John Dewey:* Philosopher of Science and Freedom. New York: Dial Press, 1950. p.316-30.

WHITEHEAD, A. N.; RUSSELL, Bertrand. *Principia Mathematica*. 3v. Cambridge, England, 1910-1913

WHORF, B. L. Time, space and language. In: THOMPSON, L. *Culture in Crisis*. New York: Harper, 1950. p.152-72.

WIENER, Norbert. A simplification of the logic of relations. *Proceedings of the Cambridge Philosophical Society*, v.17, p.387-90, 1912-14.

WRIGHT, G. H. von. On the idea of logical truth (I). *Societus Scientiarum Fennica, Commentationes Physico-Mathematicae*, v.14, n.4, 1948.

ZERMELO, E. Untersuchungen über die Grundlagen der Mengenlehre. *Mathematische Annalen*, v.65, p.261-81, 1908.

ÍNDICE REMISSIVO

A

Abstrato(a)
  entidades, 25, 27, 28, 29, 70, 111, 112, 113, 114, 153, 160, 161, 163, 164, 166, 167
  termos, 38, 111. *Ver também* Atributo, Classes, Nome(s)
Abstração
  de classes, 147, 148
  funcional, 148
  operação de, 126
  princípio de, 130
  relacional, 127
Acidente, 114
Agregado, 161 et seq. *Ver também* Classes
Álgebra de classes, 133
Alucinação, 67
Ambiguidade, 18, 31, 53, 87, 100, 119, 136, 192
Analítica
  geometria, 118
Analiticidade, 8, 37-42, 47, 48, 49, 52, 53, 54, 55, 56, 58, 59, 60n.16, 61, 183, 194, 199, 201, 210, 212, 216, 224
Ancestral, 162
Antinomia, *ver* Contradição, Paradoxo
Apontar, 92, 99, 100, 101, 102, 110, 111, 145, 149, 176
Aritmética, 32 et seq., 118, 133 et seq., 178 et seq.
Atributo, 13, 20, 22, 23, 24, 102, 110, 112, 114, 172, 213, 218 et seq.
Atualidade, 13 et seq.
Aussonderung, 139
Axioma, 3, 23, 129 et seq., 135, 176n.20, 178 et seq.
  da infinitude, 129, 135
  da redutibilidade, 176n.20, 178

B

Bicondicional, 53, 122

C

Cálculo proposicional, 105, 106 et seq., 130
Ciência
  empírica, 90
  física, 33
  natural, 34, 37, 70
Citação, 48, 158, 188, 190, 196, 197, 198, 200, 202, 208, 209, 218, 220
Classe de unidades, 88
Classe vazia, 126, 133, 134
Classes
  abstração de, 147, 148
  álgebra de, 133
  existência de, 134, 135, 139, 140, 141, 144, 160
Combinadores, 148 et seq.
Completude, 164, 185
Compromisso
  ontológico, 7, 145, 147 et seq., 153, 166, 184, 232
Concatenação, 75, 192
Conceito, 15, 38, 45, 60, 61, 62, 84, 85, 87, 100, 101, 183, 184, 199, 211. *Ver também* Atributo, Proposição
Conceitual
  esquema, 22 et seq., 30 et seq., 69 et seq., 71, 113, 115, 116, 151
  integração, 104, 106 et seq.
Conceitualismo 14, 123-9
Concreto, 102, 103, 106, 109, 113, 145, 161
Condicional, 94 et seq., 122, 183, 220, 229, 230
  contrafactual, 94 et seq., 220
Confirmação, 60 et seq., 65 et seq.
Conjunção, 121, 143, 166, 217
Conjunto, *ver* Classes
Consistência, 143 et seq., 171. *Ver também* Contradição, Paradoxo
Construção, 31, 37, 46 et seq., 49n.8, 63, 79 et seq., 83, 120, 193 et seq., 209. *Ver também* Conceitualismo, Fenomenalismo
Contradição, 4, 34, 99, 130, 134n.10, 178, 188. *Ver também* Consistência, Paradoxo
Contraditórios, 226 et seq., 231. *Ver também* Negação
Crença, 37, 43, 114, 199
Critério de compromisso ontológico, 147 et seq., 150, 153. *Ver também* Compromisso

D

Definição, 38, 43-7, 54, 55, 69, 78, 86, 91, 94, 112, 114, 120 et seq., 126 et seq., 137, 142, 162n.10, 176, 186, 194, 220, 224, 231, 232
  contextual, 231

impredicativa, 176
Denotação, 39, 184 et seq.
Descrição, 19, 20, 41, 42, 51n.9, 77, 79, 100, 121, 124, 125, 126, 147, 150, 215, 231, 232
   singular, 20, 147, 150
Descrição de estado, 41 et seq.
Disjunção, 19, 122, 167
Disposição, 114, 180, 225
Domínio, 26, 28, 55, 63,64, 65, 88, 112, 146, 161, 164, 174, 213 et seq.

E

Economia, 45 et seq., 104, 116
Elemento, 38, 83, 119n.2 et seq.
Empirismo, 37-71, 235
Enunciado(s), 7, 15, 18, 19, 20 et seq., 37, 38, 41, 42, 49, 50, 53 et seq., 59 et seq., 64 et seq., 94, 119, 146, 147, 148, 153 et seq., 161, 162, 163, 166, 167, 186 et seq., 195 et seq., 210, 218, 221, 224, 227, 230, 231
   composição de, 221
   singular, 231
   sinonímia de, 60, 61
Epistemologia, 2 et seq.
Escola megárica, 187
Escolha, axioma da, 129
Espaço-tempo, 12, 14, 101 et seq., 106 et seq.

Esquema, 22, 23, 30, 31, 32, 33, 34, 69, 70, 71, 154, 155, 156, 158, 162, 168
   conceitual, 22, 23, 30, 31, 32, 33, 34, 69, 71, 113, 115, 116, 151
   original, 131
Essência, 30, 40, 126, 215
Estratificação, 132 et seq.
Estrutura, 22, 69, 70, 76, 130, 215
Evento, 77 et seq.
Existência, 3, 14, 134, 135, 139, 140, 141, 142, 144, 160, 176, 177, 178, 207, 224, 225, 227, 229, 231, 237. *Ver também* Compromisso
Existencial
   inferência, 237 et seq.
   generalização, 169, 170, 203, 204, 205, 206, 218, 219, 226, 231, 232
   quantificação, 123, 184
Experiência, 31, 32, 37, 61, 63 et seq.
Explicação, 12n.1, 34, 42, 44, 47, 49, 53, 56, 61, 73, 99, 102, 110, 112, 114, 125, 179
Expoentes, 174 et seq.
Expressão, 16, 18 et seq., 45, 47, 48, 54, 55, 56, 60, 71n.24, 73, 74, 84n.5, 94n.9, 111, 112, 117, 121, 123, 125, 128

131, 132, 147, 150, 154, 155, 158, 172, 189, 190, 194, 196, 202, 205, 218, 220, 228. *Ver também* Forma
Extensão, 39, 50, 58, 88, 99, 101 et seq., 102, 109, 125, 162, 170, 173, 184, 186
Extensionalidade, 129 et seq., 166n.12, 219

F
Fato, 3, 14, 22, 23, 24, 26, 29, 32, 37, 38, 39, 40, 47, 51n.9, 52, 55, 56, 70, 71, 74, 79, 84, 87, 88, 92, 94, 99, 112, 123, 129, 137, 140, 143, 144, 146, 152, 161, 172, 175, 180, 183, 185, 187, 189, 192, 193, 194, 196, 201, 202, 204, 206, 207, 211, 216, 217, 218, 220, 224, 229, 231
Fenomenalismo, 33 et seq.
Filosofia, 3, 27, 28, 33, 39, 64, 111, 115, 116, 165, 217. *Ver também* Metafísica
Físico, Física, 13, 21, 31, 32, 33, 34, 63, 64, 65, 66, 68, 69, 102, 180, 209, 220
Fonema, 77, 78, 79
Forma
  linguística, 70, 74, 170
  lógica, *ver* Esquema, Verdade
Formalismo, 28 et seq., 33

Fórmula, 11, 30, 119 et seq., 123, 128, 131 et seq., 135
Função, 3, 45, 67, 101, 118, 142, 172, 176
  proposicional, 118, 172. *Ver também* Funções de verdade
Funções de verdade, 51, 122, 123, 130, 138, 139, 143, 144, 153, 154, 159, 166, 179, 180, 221

G
Geometria, 118
Gramática, 26, 45, 46, 78, 84 et seq., 193

H
Heteronímia, *ver* Sinonímia
Hipóstase, 24, 111, 236. *Ver também* Compromisso
Homonímia, 53, 87

I
Ideia, 12, 13, 14n.3, 16, 19, 20, 22, 61, 66, 74, 99, 100, 101, 156, 168, 170, 173, 174, 185, 186, 201, 203, 204, 216, 227
Identidade
  substitutividade da, 196n.1, 208, 209, 215, 217
Ideologia, 184 et seq., 237
Implicação, 108, 183, 228
Impossibilidade, 15. *Ver também* Contradição, Possibilidade

Inclusão, 82, 123, 125, 136 et seq., 157, 236
Incompletude, 185
Inconsistência, *ver* Consistência, Contradição, Paradoxo
Indeterminação, 34, 125
Indiscerníveis, *ver* Identidade
Individuação, 3 et seq., 212
Indivíduo, 40, 119, 173 et seq.
Indução, 3, 42, 101, 110, 142, 144
    matemática, 3 et seq., 142, 144
Inferência, 135, 150, 203, 226, 229, 231 et seq., 232, 237
    existencial, 237
Infinito, 29, 82, 143, 180, 188
Intensão, 39. *Ver também* Significado, Modalidades
Intuicionismo, 28 et seq., 176n.21

L

Letra, *ver* Enunciado(s), Variável
Letra esquemática, 155, 156, 226
Letras gregas, 121, 156 et seq.
Lexicografia, 15, 43, 73 et seq., 77 et seq., 90
Ligado, 65, 214
Ligar, *ver* Ligado
Limite superior, 76, 178
Linguagem
    dos dados dos sentidos, 62
Linguagem Artificial, 54, 58, 59

Linguagem ordinária, *ver* Linguagem
LM, 3, 4, 140, 141, 142, 143, 144
Lógica, 37, 41, 42, 49, 61, 63, 64, 66, 67, 68, 83, 117-44, 145-81, 192, 193, 200, 204, 210, 214, 215 216, 217, 221, 223, 224, 226, 229, 231, 233, 236, 237
    modal, 200, 210, 214, 215, 216, 217, 237
    tradicional, 118
Logicismo, 28 et seq.
Lógico(a)
    verdade, 41, 42, 49, 61, 223, 224, 226

M

Matemática
    filosofia da, 27, 28, 33
Mecânica quântica, 67
Metafísica, 2, 22, 37, 219. *Ver também* Esquema, Ontologia
Metodologia, 91. *Ver também* Indução
Mito, 33 et seq., 69, 82, 90
Modalidades, 15, 201, 210, 218 et seq.
Morfema, 79
Mudança, 37, 104

N

Não classe, 119. *Ver também* Indivíduo

Não-referencial, *ver* Referencial
Navalha de Ockham, 12n.1, 103
Necessidade, 15, 38, 40, 110, 136, 162, 190n.8, 200, 209, 211, 214, 216, 218 et seq., 237. *Ver também* Analiticidade
Negação, 12, 119, 121, 123, 126, 133 et seq., 136 et seq., 188, 193n.10, 201, 204
  alternada, 119, 121, 123, 136
NF, 3, 4, 140, 141, 142, 143, 144
Nome(s)
  de entidades abstratas, 25, 111
  definição impredicativa, 176
  dos enunciados, 155
  nomear, 19, 21, 22, 24 et seq., 38, 39, 111, 114, 137, 192, 210n.8, 215n.10, 227, 231
  ocorrência referencial de um, 210
Nominalismo, 28, 165 et seq. *Ver também* Ontologia
Número
  inteiro, 185-6, 211
  real, 150, 185-6

O

Objeto momentâneo, 99, 100, 104, 106
Ocorrência (direta, oblíqua, referencial), 45, 50, 61, 64, 78, 84, 196 et seq., 203 et seq., 210. *Ver também* Opacidade

Ontologia, 11, 15, 21, 22, 23, 26, 27, 30, 31, 33, 34, 63, 68, 69, 104, 108, 112, 147, 164, 172, 184, 185, 210, 212, 237
Opacidade, 200, 202, 203, 207, 209, 210, 211, 212, 215, 221
Ordem, 29, 78, 113 et seq., 114, 125, 167, 173 et seq., 177
Ostensão, 99, 100, 101, 103, 110, 112, 114, 236

P

Palavra, 11, 12, 14, 15, 17, 19, 22, 23, 28, 40, 44, 45, 48, 53, 55, 56, 57, 60, 73, 75, 83, 85, 87, 89, 100, 102, 110, 113, 122, 153, 184, 186, 196, 200, 208
Par, 58, 76, 127 et seq., 196, 197n.2
Paradoxo
  de Russell, 33, 34, 131 et seq., 134n.10, 135, 139, 142, 171, 176
Parênteses, 119, 135, 136
Par ordenado, 58 et seq.
Particulares, 68, 103, 104, 109, 110, 146, 166, 179, 180, 193
Pertencimento, 51, 77, 79, 82, 119, 130, 136, 159, 163, 173, 174, 177
Platonismo, 77, 172

Ponto, 11, 13, 14n.3, 22, 23, 25, 31, 33, 35, 39, 40, 42, 50, 54, 57, 58, 61, 62, 63, 70, 73, 79, 81, 86, 89, 99, 102, 103, 110, 114, 122, 136, 146, 158, 165, 167, 180, 183, 193n.9, 199, 210, 211, 215, 224, 225, 230, 236
Ponto-instante, 64
Possibilidade, 15, 70, 200, 220
Postulado, 2, 24, 57, 119n.2, 129, 143, 175. *Ver também* Hipóstase
Postular, 167, 180. *Ver também* Axioma
Pragmatismo, 37, 71
Predicado(s)
 como nomes, 154, 158, 159
 como variáveis de quantificação, 172, 173
 como pegaseia, 20, 24
 como vermelho, 23
 diádico, 51
 extralógicos, 174
 letras de, 173
 ligáveis, 171
 monádicos, 51, 53
 poliádicos, 51, 53
 variáveis de, 170
Predizer, 82
Pressuposição, 26, 27. *Ver também* Compromisso
Primitiva

linguagem, 128
noções, 118, 120
notação, 46, 120, 125, 126, 132, 136, 137
Principia Mathematica, 117, 172, 219
Probabilidade, 42, 64, 68, 221
Processo, 80, 98, 99, 100, 109 113
Pronome, 26, 146
Proposição, 153, 214, 219, 227
Prova, 17, 31, 34, 134n.10, 142, 143, 144, 164, 169, 170, 176, 177, 178, 185, 187
Psicologia, 74, 110

Q

Qualidade, 34, 64. *Ver também* Atributo
Quantificação, 18, 26, 51, 119, 123, 130, 136, 138, 139, 143, 144, 146, 147, 151, 154, 155, 159, 161, 162, 163, 164, 167, 168, 169, 170, 172, 173, 179, 180, 184, 185, 191, 203, 204, 207, 208
 contextos de, 147, 155
 existencial, 123, 136, 184
 linguagem da, 149
 lógica da, 152, 179, 204
 suscetibilidade de, 221
 teoria da, 138, 139, 143, 144, 152, 159, 162, 163, 164,

167, 168, 169, 170, 173,
223, 224, 225, 226
universal, 119
variáveis de, 18, 26, 147, 172,
173, 185, 191, 203, 207,
209, 210, 211, 212, 213,
214, 215, 216, 217, 218,
223, 224, 225, 226, 231
Quantificacional
esquema, 162, 169
validade, 162

R
Razão, verdades de, 38
Realidade, *ver* Ontologia
Realismo, 28, 176. *Ver também*
Platonismo
Reducionismo, 37, 59-66
Reductio ad absurdum, 17,
134n.10, 135, 187, 193
Referência
da ostensão, 99
domínio de, 26
e modalidade, 195-222, 237
empírica, 68
espaço-temporal, 14
objetiva, 18
objeto de, 40, 100
significado e, 40, 223
teoria da, 40, 163, 183-94, 237
Referencial
ocorrência, 198, 210
opacidade, 200, 202, 203, 207,
209, 210, 211, 212, 215,
221
puramente, 196, 197, 204
Regras
axiomas e, 138
conjunto de, 169
de existência de classes, 140
de inferência da generalização
existencial, 232
de prova, 164
de tradução, 46
derivadas, 233
diretas, 174
lógicas, 230
sintáticas, 29
semânticas, 53-9
Reificação, 8, 145-81
Remissão, 113, 146

S
Salva veritate, 47 et seq., 85
Semântica, 16, 55, 56, 57, 62, 79,
80, 84, 85, 183, 190n.8, 236,
237. *Ver também* Lexicografia,
Significado, Referência
Semântico
campo, 73
elemento, 83
jargão, 61
nível, 156
paradoxo, 188
plano, 30
Senso Comum, 14, 22, 69, 81, 154

Sentença, 17, 31, 32, 83, 84, 118, 120, 137, 153, 155, 156, 158, 172, 184, 185, 186, 192, 209, 213, 214, 218. *Ver também* Significatividade, Sequência significante, Enunciado(s)
aberta, 155, 172, 184 et seq.
Sentido
dados dos, 62, 64, 69
Sequência significante, 76, 80, 82 et seq., 89, 94
Significado
cadeias com, 3
cadeias sem, 3
conceito de, 38, 183
confusão do, 39, 73
cota integral de, 18
de "Fa", 228
função do, 3
identidade de, 25, 60, 77
noção de, 3, 59, 73, 74, 76, 82, 89
pretendido, 125
problema do, 7, 60, 76, 80, 84, 236
semelhante em, 75
teoria do, 40, 183, 184, 186, 189, 193, 194, 224, 228
teoria verificacionista do, 60, 61, 62, 64, 65
variação do, 73
Significância, *ver* Significatividade
Significatividade

como possuir, 24
das combinações, 175
de "Fa", 228
do enunciado, 19, 21
noção de, 228
questão da, 60n.16
Símbolo incompleto, 18
Simplicidade, 11, 31 et seq., 70, 71, 82, 90, 94, 95, 103 et seq., 136, 181, 230
Singular
descrição, *ver* Descrição
enunciado, 231 et seq.
termo, *ver* Descrição, Identidade, Nome(s)
Sinonímia, 25, 43, 45, 47, 48, 51, 52, 53, 54, 60, 74, 77, 84, 85, 86, 87, 88, 89, 90, 91, 94, 95, 183, 184
cognitiva, 48, 49, 52, 53, 59, 86
conceito de, 61
conotação de, 186
de formas linguísticas, 40, 61
de nomes, 210n.8
direta, 46
dos enunciados, 61
espécies de, 45
fundamento da, 43
noção de, 41, 42, 43, 75, 76, 78, 212
observada, 43
pedra de toque da, 48

termos de, 77
tipo de, 52
Sintaxe, 91, 92, 165, 181. *Ver também* Gramática
Sintético, 42, 65 et seq., 71. *Ver também* Analiticidade
Sistema formal, 128 et seq., 129, 132
Solubilidade, 220
Subclasse, 57, 123, 134n.10
Subjuntivo, *ver* Bicondicional
Subsistência, 14
Substância, 70, 97
Substantivo, 20, 157 et seq., 203. *Ver também* Nome(s)

T

Tempo, 2, 14, 30, 92, 98, 99, 100, 101, 103, 104, 109
Termo, *ver* Descrição, Nome(s), Predicado(s)
Teorema, 128 et seq., 134, 139, 142, 169, 170, 177, 178, 186, 193, 217, 225, 226
Tipos, 4, 45, 46, 69, 85, 109, 119, 131 et seq., 137 et seq., 173 et seq., 178, 212, 217, 220
Tradução
de Russell, 18
e "estrela da manhã", 93
método sistemático de, 148
real ou imaginada de enunciados, 150

regras de, 46, 58
unidades de, 117

U

Universais, 8, 20, 22 et seq., 27 et seq., 103, 106, 108 et seq., 133, 145, 146, 148, 161, 165 et seq., 170, 171, 172, 178, 179, 180, 225, 236. *Ver também* Atributo, Classes, Compromisso
Universal
classe, 126, 133
instanciação, 204, 205, 232
quantificação, *ver* Quantificação
Universos menores, 225
Universo vazio, 225
Uso e a menção, 158

V

Vagueza, 47
Validade, 162, 164. *Ver também* Analiticidade, Verdade
Valor da variável, 215
Valores de verdade, 41, 64, 67, 105, 154, 159, 162, 164, 166, 167, 229, 230, 231
Variável, 26, 27, 30, 54, 56, 119, 120, 123, 125, 126, 129, 130, 131, 136, 146, 147, 155, 157, 170, 186, 189, 194, 203, 207, 215, 220

ligada, 26, 27, 146
livre, 126, 129, 130, 132n.9
Verdade, 33, 41, 42, 47, 49, 50, 51, 52, 56, 57, 58, 59, 61, 64, 65, 67, 97, 105, 117, 122, 133, 137, 144, 146, 147, 153, 154, 159, 162, 163, 164, 165, 166, 167, 179, 180, 183, 184, 192, 193, 199, 200, 208, 210, 213, 216, 219, 221, 223, 229, 230
  funções de, 122, 129, 130, 138, 139, 143, 144, 153, 154, 159, 166, 179, 180, 221
  literal, 33
  lógica, 41, 42, 49, 61, 224, 226
Verificação, 62
Vocabulário, 39, 43, 45, 46, 47n.7, 83, 91, 93, 118, 191, 192, 194

ÍNDICE ONOMÁSTICO

A
Ackermann, Wilhelm, 130n.7, 169n.15
Aristóteles, 39, 40, 68, 118 et seq.

B
Barcan, Ruth, 217
Bentham, Jeremy, 62, 67
Bernays, Paul, 8, 29n.11, 140n.14
Berry, G. G., 188
Black, Max, 29
Bloch, Bernard, 77n.2, 79n.3
Bloomfield, Leonard, 77n.2, 79n.3
Brouwer, L. E. J., 28, 176n.21
Bühler, Karl, 78

C
Cantor, Georg, 29, 134n.10, 170 et seq., 177 et seq.
Carnap, Rudolf, 8, 28 et seq., 41 et seq., 49n.8, 53n.14, 54, 58, 62, 63, 64, 65, 70, 71, 202n.5, 212, 213, 214, 215, 216, 217, 221n.11

Aufbau, 62, 65 et seq.
regras semânticas, 54, 56
sinonímia, 42
Cassirer, Ernst, 91
Chadwick, J. A., 231
Church, Alonzo, 2, 8, 17, 28, 148, 152, 163, 186n.4, 190n.8, 199, 203n.6, 212, 213, 214, 215, 217
semântica, 190n.8
seu teorema, 217
Curry, H., 148

D
Dedekind, Richard, 150
Duhem, Pierre, 65n.19, 116n.6

E
Epimênides, 16, 187, 193

F
Fitch, F. B., 176, 217 (*s.v.* Smullyan)
Fraenkel, A. A., 28, 29n.11 et seq.

Frank, Philipp, 33n.12
Frege, Gottlob, 21, 28, 38, 62, 93, 105 et seq., 111, 115, 141, 142, 150, 153, 154, 162, 163, 171, 196n.1, 212
    conceitos individuais, 15, 212
    enunciados, 153, 154, 155, 156
    Estrela da tarde, 21, 38, 73, 93, 200, 201, 202, 206, 207, 208, 209, 210, 211, 213

G

Gödel, Kurt, 34, 128, 164, 185, 193
Goodman, Nelson, 8, 29n.11, 108n.2
Grelling, Kurt, 188

H

Hahn, Hans, 172
Hailperin, Theodore, 143
Heisenberg, Werner, 34
Hempel, C. G., 60n.16
Heráclito, 97
Heyting, Arend, 176n.21
Hilbert, David, 29, 130n.7, 169n.15
Hume, David, 37 et seq., 61, 62, 66 et seq., 99, 108, 109

K

Kant, Immanuel, 37, 38 et seq.

Kleene, S. C., 143n.18
Kuratowski, Casimir, 127

L

Langford, C. H., 200n.4, 223n.1, 226, 227, 228, 229, 231
Leibniz, G. W. Von, 38, 42, 47
Lewis, C. I., 38, 42, 49n.8, 60n.16, 71 et seq., 200, 216, 217
Lewy, Casimir, 193n.9, 228
Locke, John, 61 et seq., 66
Lowinger, Armand, 65n.19, 116n.6
Łukasiewicz, Jan, 130

M

Martin, R. M., 58n.15
Meyerson, Émile, 70
Mostowski, Andrzej, 144
Myhill, J. R., 186n.4, 193n.10

N

Nelson, E. J., 228, 229, 237
Neumann, J. von, 4, 140 et seq., 143 et seq.
Neurath, Otto, 115
Nicod, Jean, 130

P

Peano, Giuseppe, 171
Peirce, C. S., 60
Pike, K. L., 90

Platão, 12, 17, 20
Poincaré, Henri, 28, 176

R
Reichenbach, Hans, 221
Robinson, Julia, 186n.4
Rosser, Barkley, 3, 4, 142n.16, 143n.18
Russell, Bertrand, 4, 17, 18, 19, 20, 21, 26, 28, 33, 34, 38, 62, 115, 117, 118, 126, 131, 132, 134, 135, 139, 142, 150, 171, 172, 176, 178, 188n.6, 200n.3, 215, 228n.1, 232
  descrições, 17, 19, 20, 26, 126
  paradoxo de, 33, 34, 131, 132, 134n.10, 135, 139, 142, 171, 176
  símbolos incompletos, 62
  tipos, 4, 131, 178

S
Smullyan, A. F., 2, 214, 215

T
Tarski, Alfred, 8, 166 et seq., 185 et seq., 192, 193n.9 e 10, 194
Thomson, J. F., 193n.9
Tooke, J. H., 61 et seq.
Trager, G. L., 77n.2, 79n.3

W
Wang, Hao, 140n.15, 142n.16, 143, 144
Weyl, Herrmann, 28, 175
White, Morton, 8, 71n.24, 193n.9, 228
Whitehead, A. N., 28, 115, 117, 118, 188n.6
Whorf, B. L., 91
Wiener, Norbert, 127n.5
Wright, G. H. Von, 223n.1

Z
Zermelo, Ernst, 4, 139 et seq., 143, 144

SOBRE O LIVRO

Formato: 14 x 21 cm
Mancha: 23,1 x 38,3 paicas
Tipologia: AGaramond 12/13,7
Papel: Off-white 80 g/m² (miolo)
Cartão Supremo 250 g/m² (capa)
1ª edição: 2011
272 páginas

EQUIPE DE REALIZAÇÃO

Edição de Texto
Silvia Mourão (copidesque)
Renata Siqueira Campos (preparação de original)
Jean Xavier (revisão)

Assistente editorial
Olívia Frade Zambone

Capa
Estúdio Bogari

Editoração eletrônica
Sergio Gzeschnik

impressão acabamento
rua 1822 nº 341
04216-000 são paulo sp
T 55 11 3385 8500
F 55 11 2063 4275
www.loyola.com.br